Borreliose
Wissen
Jahrbuch
2020

Ute Fischer
Bernhard Siegmund

Mit weiteren Beiträgen von:
PD Dr. Walter Berghoff
Dr. Astrid Breinlinger
Wolfgang Maes
Reiner Müller
Ursula Talib-Benz

Borreliose Wissen
aus den letzten zwölf Monaten
Ungefiltert Erschütternd Wissenswert

Ein Buch aus dem
Redaktionsbüro Fischer + Siegmund
In den Rödern 13
64354 Reinheim
www.fischer-siegmund.de

Fotos: Fischer(4), privat (10), Wikipedia(2), CAA,
Keith Allison

Die Borreliose-Jahrbücher werden nach bestem Wissen und journalistischer Recherche sowie aus persönlicher Betroffenheit zusammengestellt.

Sie ersetzen keinen Arzt-Besuch.

Für Richtigkeit, Wirksamkeit, Dosierungen und Ähnliches wird keine Gewähr übernommen.

ISBN: 978-3-7504-1832-5

Inhalt

Einleitung 5

Kann Lyme-Borreliose einen Appetitverlust verursachen? 7

Neurologische Symptome der Lyme-Borreliose 8

Diagnose der neurologischen Lyme-Borreliose 9

Klassische Laboruntersuchungen bei Borreliose 13

Die Last mit den Coinfektionen 14

Sogenannte Coinfektionen der Lyme-Borreliose 15

Schneller als eine Differenzialdiagnose 16

Disulfiram für die Behandlung von Lyme Borreliose und Babesiose 22

Der Erfahrungsbericht von Kenneth B. Liegner, Pawling, New York 25

Entzündungshemmer Lein 38

Das Geheimnis der Gene 40

Kräuter-Empfehlung aus den USA 41

Hyperthermie weitergedacht 47

Autogene Desensibilisierung bei Lyme 55

Lassen sich Borrelien mechanisch bekämpfen? 64

Zerkleinerung 65

Hitze 67

Die unheimliche Krankheit namens X 69

Lebensstil überwindet die Macht der Gene 70

Schützen Entzündungshemmer vor Alzheimer? 72

FHR1 macht alles schlimmer 72

Mastzellen an der Abwehr von Krankheitserregern beteiligt? .. 74

Borreliose bei Frauen anders? 75

Borrelien-Antikörper beim alten Menschen 76

Ein Impfstoff gegen die Zecke selbst? 77

Morgellons-Konferenz 77

Braunschweig forscht 79

North Tick – Zeckenforschung im Nordseeraum 80

Frankreich update 81

Medizintourismus 89

Beschiss beim Morbi-RSA Einhalt gebieten 90

Inhalt

Teure Borreliose interessiert niemanden 92
Ein menschenverachtender Skandal...............92
Kümmerer gebraucht...............145
MH Plus Betriebskrankenkasse 146
Wie funktioniert das ärztliche Budget? 147
Lyme-Borreliose macht arm 148
Diagnose Myokarditis...............149
Nico Karger...............150
Nummer Zwei im Golf hat Borreliose 153
Zurück auf die Bühne: Avril Lavigne...............154
Brigitte Zypries 155
Das Geheimnis um Lyme-Borreliose und Biologische Waffen...............158
Warum hat uns das keiner gesagt? 163
Störungen des Gehirns und was sie über die menschliche Natur verraten 166
Dysbiose behandeln...............167
Gesundheit ist kein Endergebnis 169
Bücher von den Autoren...............171
Borreliose-Jahrbücher 2006, 2007, 2008, 2009, ...172
Literatur vom Borreliose und FSME Bund...............175
Nachruf...............179
Ingeborg Schmierer...............179
Wir haben uns verlaufen 184
Mehr Paradies geht nicht mehr 184

Einleitung

Die schlechte Nachricht zuerst: Dies ist definitiv das letzte Borreliose-Jahrbuch. Es erschien seit 2006, also 14 Jahre lang. Die Reihe begann, als das Wissen über Diagnostik und Therapie noch sehr jung und nicht frei verfügbar war. Heute ist das Internet voll von Informationen über Lyme-Borreliose. Pharmaindustrie und Wunderheiler überschlagen sich gegenseitig mit Erzählungen und Empfehlungen, mit fragwürdigen Heilmitteln und vor allem mit Heilsversprechen. Zwar ist über das Impressum nicht immer leicht zu erkennen, wer der Hausgeber von spektakulären Erfolgsmeldungen ist. Aber Not und Hoffnungslosigkeit lassen den gesunden Menschenverstand sowieso verkümmern.

Ja, das Netz ist voll von Wunderheilungen. Unser Anspruch, hinter die Kulissen zu schauen, Anreißerisches zu hinterfragen und Unseriöses zu erklären und sichtbar zu machen, wird nicht mehr gewertschätzt. Welchen Patienten kümmert es, warum das Gesundheitssystem so tickt, dass er gar nicht gesund werden kann. Ist er bereit, sich mit der Gesundheitspolitik auseinander zu setzen, auch wenn sich dadurch Lücken auftun, damit man doch die Behandlung erfährt, von der man sich Heilung verspricht? Was kann man selbst tun über die „normale" Arztbehandlung hinaus? Haben wir eine Chance, wieder so zu werden, wie vor der Borreliose und ist dies erstrebenswert? Warum ist die Borreliose in Deutschland so wie sie ist?

Noch einmal haben wir 2019 zusammen getragen, was für Borreliose-Patienten wichtig ist, wichtig sein sollte.

Es steht nicht im Internet. Es steht sonst nirgendwo. Nur hier. Wer darüber hinaus auf den Laufenden bleiben möchte, werde bitte Mitglied im Borreliose und FSME Bund Deutschland. www.borreliose-bund.de

Wir wünschen Ihnen, dass Sie Ihren Weg zur Gesundung finden und danken allen treuen Lesern. Es sind doch etliche, die inzwischen jede Ausgabe im Regal stehen haben. Ute Fischer hat in diesen Jahren vier Borreliosen bewältigt und fühlt sich wieder gesund und aktiv. Das wünschen wir Ihnen auch.

Ute Fischer + Bernhard Siegmund

Wir erhielten den Auftrag, das bereits 2000 erschienene, in sechster Auflage aktualisierte Patientenbuch „Borreliose" im Hirzel-Verlag neu zu schreiben.

Die Ausgaben Borreliose-Jahrbuch 2006 bis 2009 gibt es nur noch antiquarisch, 2010 bis 2018/2019 gibt es noch im Buchhandel und auch jeweils als E-Book. 2012 liegt noch in größeren Mengen signiert bei uns.

Kann Lyme-Borreliose einen Appetitverlust verursachen?

Mit einem Wort: Ja. Eines der Symptome der Lyme-Borreliose in ihrer akuten Form ist ein Appetitverlust, ähnlich wie dies bei Patienten mit Grippe der Fall wäre. Wie genau beeinflusst die Lyme-Borreliose den Appetit? Lyme-Borreliose kann den Geschmackssinn beeinträchtigen; dadurch schmecken selbst bekannte und bisher beliebte Lebensmittel plötzlich merkwürdig. Das kann dazu führen, dass Patienten ihre Ernährung einschränken, weil nur noch bestimmte Geschmäcker und Texturen toleriert werden. Diese Abneigung gegen Lebensmittel kann auf den ersten Blick als Essstörung empfunden werden, solange die Lyme-Borreliose nicht diagnostiziert wurde. Bei Kindern kann es den Anschein erwecken, als ob sie lediglich „wählerische Esser" geworden seien oder eine Phase durchlaufen, in der ihnen bestimmte Lebensmittel zuwider sind, obwohl dies tatsächlich ein Zeichen einer Lyme-Borreliose sein kann.

Lyme-Borreliose und das Gehirn

Einige häufig gestellte Fragen zur Lyme-Borreliose und zum Gehirn lauten "Kann die Lyme-Borreliose demenzähnliche Symptome verursachen?" Und "Verursacht die Lyme-Borreliose Gedächtnisprobleme?". Um diese Fragen zu beantworten, warf die BCA-Clinic Augsburg einen Blick auf die Statistiken. Die Lyme-Borreliose führt in etwa 15 Prozent der Fälle zu schwerwiegenden Auswirkungen auf das Gehirn. Einige Quellen deuten darauf hin, dass dieser Anteil sogar noch höher sein könnte, da angenommen wird, dass jedes Jahr Tausende von Fällen nicht diagnostiziert werden. Bei einem kleinen Prozentsatz der Patienten treten nach rechtzeitiger Antibiotika-Behandlung der Lyme-Borreliose weiterhin neurologische Symptome auf. Dieses Phänomen wird oft als "Lyme-Borreliose-Syndrom nach der Behandlung" bezeichnet. Die mögliche Ursache ist eine weit verbreitete Entzündung des Gehirns.

Neurologische Symptome der Lyme-Borreliose

Chronische Lyme-Borreliose entsteht, wenn die Infektion lange Zeit unerkannt und unbehandelt bleibt. Bei Patienten mit einem starken Immunsystem können die ersten Symptome sehr mild sein und sogar unbemerkt bleiben. Die Bakterien können in den Zellen leben und verursachen für einige Monate oder sogar für Jahre keine Probleme. Bekannt bei Waldarbeitern, Jägern.

Schwerwiegende Symptome der chronischen Lyme-Borreliose treten in der Regel zum ersten Mal auf, wenn die Immunfunktion auf Grund einer anderen Krankheit, von Stress oder Umweltfaktoren gestört wird. In diesem Moment beginnen sich die Bakterien schneller zu vermehren und wandern zu verschiedenen Geweben und Organen.

Wenn die Lyme-Borreliose chronisch wird und sich die Bakterien im Gehirn ausbreiten, spricht man von Neuroborreliose. Häufige neurologische und psychologische Symptome von Neuroborreliose sind kognitiver Verfall, Gedächtnisstörungen, Stimmungsschwankungen, verminderte Energieniveaus, Konzentrations-schwierigkeiten, Schlafstörungen, gestörte Feinmotorik und Sehstörungen. In seltenen Fällen kann die neuropsychiatrische Lyme-Borreliose zu Paranoia, Halluzinationen, Manie und Zwangssymptomen führen. Bei Kindern sind die häufigsten Symptome von Neuroborreliose Kopfschmerzen, Verhaltensänderungen, Lernschwierigkeiten und Schlafstörungen.

Patienten mit chronischer Lyme-Borreliose berichten häufig von extremer Müdigkeit. Sie können bis zu zehn bis zwölf Stunden schlafen, fühlen sich aber nach dem Aufwachen nicht ausgeruht. Es kann sich auch eine erhöhte Empfindlichkeit gegenüber Licht und lauten Geräuschen entwickeln.

Diagnose der neurologischen Lyme-Borreliose

Zusätzlich zu serologischen Tests können Patienten mit Verdacht auf Neuroborreliose von einer MRT-Untersuchung des Gehirns profitieren. Der Scan kann Läsionen aufdecken, die denen ähneln, die durch Multiple Sklerose verursacht werden. In einigen Fällen wurden auch Läsionen der Wirbelsäule beobachtet. Andere zu berücksichtigende Diagnosemethoden sind Nervenleitungsstudien und neurokognitive Tests. Ein MRT-Scan des Gehirns kann bei der Diagnose von Neuroborreliose hilfreich sein.

Sekundäre Demenz durch Lyme-Neuroborreliose

Eine schwere Demenz in Folge einer Neuroborreliose ist äußerst selten. Gelegentlich wurde jedoch über demenzähnliche Syndrome im Zusammenhang mit der

Lyme-Borreliose berichtet. In einigen Fällen schien die Erkrankung eine primäre Demenz auszulösen, wie zum Beispiel die Alzheimer-Krankheit. Anhaltende chronische Lyme-Borreliose wird normalerweise mit mehreren intravenösen Antibiotika behandelt. Es ist jedoch unklar, ob schwerwiegende neuropsychiatrische Symptome vollständig reversibel sind.

Lyme-Borreliose und Demenz / Alzheimer-Krankheit

Die Demenz und andere Anzeichen eines durch schwere Neuroborreliose verursachten kognitiven Rückgangs ähneln in der Regel den Symptomen der Alzheimer-Krankheit. Einige Forschungsstudien haben gezeigt, dass Borrelia burgdorferi im Gehirn von Alzheimer-Patienten vorkommt, was auf einen möglichen Zusammenhang zwischen beiden Erkrankungen hindeutet. Während die Lyme-Borreliose in den meisten Fällen erfolgreich mit Antibiotika geheilt werden kann, sind die genauen Ursachen der Alzheimer-Krankheit unbekannt und es gibt derzeit keine wirksame Behandlung.

Wie wirkt sich Lyme im Alter aus? Eine Studie aus dem Jahr 2014 hatte zum Ziel festzustellen, ob tatsächlich eine Beziehung zwischen Lyme und Alzheimer besteht. Die Wissenschaftler sammelten Daten aus den US-amerikanischen Zentren für Krankheitskontrolle und Prävention über das Auftreten von Lyme-Borreliose und Todesfällen im Zusammenhang mit der Alzheimer-Krankheit. Anschließend analysierten sie die Informationen auf der Suche nach signifikanten Korrelationen.

Einer der Befunde der Studie war, dass die 13 Staaten mit der höchsten Prävalenz der Lyme-Borreliose tatsächlich die geringste Anzahl an Todesfällen auf Grund der Alzheimer-Krankheit aufwiesen. Darüber hinaus gehörten die sieben Staaten mit der höchsten Inzidenzrate von Alzheimer zu den 13 Staaten mit der geringsten Anzahl von Lyme-Borreliose-Fällen. Vermont war der einzige Staat, der eine hohe Inzidenz beider Erkrankungen meldete. Alle anderen möglichen Assoziationen erwiesen sich als statistisch nicht signifikant. Der Zusammenhang zwischen Lyme-Borreliose und Demenz ist weiterhin unklar. Quelle: BCA-Clinic

Ist das Borreliose?

Nicht alles, was nach Borreliose aussieht, ist auch Borreliose. Wir hielten es vor Jahren als einen blöden Streich, als ein Neurologe bösartig formulierte: „Was man sich nicht erklären kann, sieht man gerne als Borreliose an". Tatsächlich gibt es sogenannte Funktionsstörungen des Immunsystems, die sich aus falsch aktivierten Schutzreflexen des Körpers ergeben. 20 Prozent der Patienten in Hausarztpraxen leiden unter funktionellen Störungen. Beispielsweise schwellen die Lymphknoten an, die Temperatur steigt, es kommt zu Kopfschmerzen, Schulter-Nacken-Problemen, Rückenschmerzen, Schlafstörungen, Herzrasen, Blutdruck-Schwankungen, manchmal auch Reizblase, Reizhusten. Die Diagnose Fibromyalgie beschreibt einen

Ganzkörperschmerz, für den es anscheinend keinen Auslöser gibt, außer Stress. Es gibt keine vernünftige organische Erklärung. Wenn man Pech hat, sucht der Arzt viele Jahre lang nach der Ursache. Richtig: Das passiert auch bei einer wirklichen Borreliose.

Ursachen dieser funktionalen Störungen sind vermutlich angeborene Schutzreflexe, die uns in Krisensituationen schützen sollen und die unter Stress ungewollt aktiviert werden. Solche funktionellen Störungen gab es schon immer. Früher wurden sie als Hysterie bezeichnet. Beispiele für solche Schutzreflexe kennen viele Menschen, zum Beispiel, dass man sich auf Reisen mit Verstopfung plagt. Kaum ist man wieder zuhause, ist alles ganz normal. In einer Fernsehsendung (NDR Visite) wurde dargestellt, dass dieser Schutzreflex aus Urzeiten herrührt, dass man deshalb keinen Stuhl absetzte, weil man sich mit dem Geruch bei feindlichen Verfolgern verraten würde. Umgekehrt reagiert man mit Durchfall bei unbekannten Speisen oder einem Restaurant, dem man nicht die nötige Hygiene zutraut, um das Gegessene schnell wieder loszuwerden.

Die richtige Therapie besteht darin, dem Körper und dem jeweiligen Organ zu zeigen, dass das Leben gar nicht so gefährlich ist, um die Urreflexe auslösen zu müssen. Das erinnert an Goethe mit seiner Höhenangst. Er bekam sie selbst in den Griff, in dem er täglich einen Stufe mehr auf das Freiburger Münster stieg. Als er nach einigen Wochen ganz oben angelangt war und seinen Blick über die Wunderwelt der Vogesen streichen ließ, war seine Höhenangst endgültig besiegt. Bekannt ist auch die Geschichte einer Frau, die so lange Angst vor der Auto-Waschstraße hatte, bis sie sich eines Tages erinnerte, dass sie als Kind von ihrem Bruder im Schwimmbad bis an die Erstickungsgrenze getaucht worden war. Wie Schuppen fiel es ihr von den Augen und am nächsten Tag fuhr sie ganz easy durch die Waschstraße.

Klassische Laboruntersuchungen bei Borreliose

Basis-Diagnostik:
Borrelien-Serologie IgG, IgM, Borrelien-Blot IgG, IgM

Erweiterte Diagnostik:
Borrelien-LTT, CD 57+ (NK-Zellen)

Ergänzende immunologische Diagnostik
Vitamin D: 25-D und 1,25-D
Tumornekrosefaktor-alpha (TNF-a)
Interferon-gamma (IFN-g)
Zelluläres Immunprofil mit Lymphozyten-Subtypisierung
Zytokinprofil mit TH1-/TH2-Balance

Diagnostik mit hoher Beweiskraft einer akuten Borreliose
Kultur, PCR, Liquor, Erythema migrans, Lymphozytom, ACA.
Die Liste möglicher weiterer Laboruntersuchungen ist lang und reicht von der Genetik , über erweiterte Entzündungsdiagnostik über ANA, ANCA, Ganglioside, Muskelentzyme, oxidativer und nitrosativer Stress bis zu den Hormonen, Co-Infektionen, Schwermetalle, Schimmel- und Hefepilze bis zu Elektromagnetischen Feldern. Alles eine Frage des Preises.

Die Last mit den Coinfektionen

Bei der Lyme-Borreliose können gleichzeitig auch andere Infektionen vorliegen, die teilweise ebenfalls durch Zecken übertragen wurden. Es gibt aber auch Coinfektionen, bei denen die Zecke keine Rolle spielt. PD Dr. Walter Berghoff nimmt an, dass zwischen Lyme-Borreliose und Coinfektionen ein pathologischer Synergismus besteht, der den Krankheitszustand verschlimmert und die Behandlung erschwert. Quelle: Borreliose Wissen Nr. 40. Für den Verdacht auf Vorliegen einer Coinfektion gibt eine Checkliste Auskunft über 27 typische Beschwerden. Die Auswertung und die Gewichtung der Coinfektionen auf das Beschwerdebild kann jedoch nur ein Arzt vornehmen; Quelle: www.arminlabs.com

1	Bauchschmerzen, Darmbeschwerden
2	Blutarmut
3	Durchfall zeitweise
4	Fiebriges Gefühl oder Fieber
5	Gedächtnis-, Konzentrations-Störungen, Vergesslichkeit
6	Entzündliche Bereiche im Gehirn (Kernspintomografie)
7	Gelbsucht, gelbe Augen, gelbe Haut
8	Gelenkschmerzen, Gelenkschwellungen
9	Allgemeine Gliederschmerzen/ Sehnenschmerzen
10	Grippale Beschwerden zeitweise
11	Hautausschlag, Hautgeschwür
12	Hauteinblutungen punktförmig
13	Herzbeschwerden/ Herzrhythmusstörungen
14	Husten, Auswurf
15	Kopfschmerzen, Kopfdruckgefühl
16	Leberfunktion/ Leberwerte beeinträchtigt

17   Lungenentzündung/ Bronchitis
18   Lymphknotenschwellungen
19   Mandeln mit gelben Belägen, Mandelentzündung
20   Milzvergrößerung, Milzschwellung
21   Müdigkeit/ Erschöpfung zeitweise und chronisch
22   Muskelschmerzen/ Muskelschwäche
23   Schüttelfrost
24   Sehen verschlechtert/ Verschwommen-Sehen
25   Übelkeit/ Erbrechen
26   Urin dunkel
27   Wasserlassen mit Juckreiz/ Schmerzen

Die häufigsten Coinfektionen: Anaplasma phagocyphilum (HGE/Ehrlichiose), Babesien, Rickettsien, Bartonellen, Chlamydophila pneumoniae, Chlamydia trachomatis, Mykoplasmen, Coxsackie-/Echo-Virus, EBV/CMV/HSV/VZV.

Sogenannte Coinfektionen der Lyme-Borreliose

- Seropositivität ist grundsätzlich kein Krankheitsbeweis
- Einzige relevante Coinfektion, die bei Zeckenstich (gleichzeitig mit LB) übertragen wird, ist die Bartonellose
- Alle sonstigen relevanten Coinfektionen werden nicht durch Zecken übertragen
- Bei nicht von Zecken übertragenen Coinfektionen besteht also zuvor bereits eine Lyme-Borreliose im Spätstadium oder bei bereits vorliegender anderer chronischer Infektion (so genannte Coinfektion) tritt eine Lyme-Borreliose hinzu

- (Zecken-übertragene) HGA und Babesiose haben als Coinfektionen kaum Bedeutung
- Nicht Zecken-übertragene bakterielle Infektionen als Coinfektionen zu bezeichnen ist fragwürdig, korrekter wäre die Beachtung im Rahmen einer infektiologischen Differentialdiagnose
- Die Verschlimmerung einer LB durch eine Coinfektion und die Effizienzminderung einer antibiotischen Behandlung der LB bei Coinfektion stellen Hypothesen dar
- Aktuelle Untersuchungen zeigen, dass gleichzeitige Vorkommen von Borrelia burgdorferi und Chlamydien in Biofilmen (Sapi et al, 2019). Die Chlamydien halten sich im Zentrum der Biofilme auf. Die pathophysiologische Bedeutung des Befundes und therapeutische Konsequenzen bleiben zu klären

Quelle: Ausführlicher Bericht von PD Dr. Walter Berghoff in Borreliose Wissen Nr. 40, www.borreliose-bund.de

Schneller als eine Differenzialdiagnose
Depression - ab in die Klapse

Immer mehr Menschen seien wegen psychischer Erkrankungen arbeitsunfähig, titelte die **DAK** in ihrem **Psychoreport 2019**. Die Langzeit-Analyse zeige, dass Krankmeldungen am häufigsten wegen Depressionen erfolgen. Das beweise eine Auswertung von anonymisierten Daten von rund 2,5 Millionen erwerbstätigen DAK-Versicherten. Seit 1997 habe sich die Anzahl der Fehltage, die von Depressionen oder sogenannten Anpassungsstörungen verursacht werden, mehr als verdreifacht. Für unsereins wäre es wichtig zu erfahren, ob diese Diagnosen von Hausärzten, Internisten oder von Psychiatern stammen.

Nahezu die Hälfte jener psychischen Störungen ist auch in Borreliose-Gutachten für Unfallversicherungen zu finden, die sich vor ihrer Leistung drücken wollen:

- Neurasthenie (historisch Weichei)
- Angststörung
- Zwangsstörung
- Somatoforme Störung
- Anpassungsstörung

Irritierend bei dieser Darstellung ist, dass die Diagnosen nach dem ICD10 aufgeteilt wurden, ein rein statistisches Instrument der Krankenkassen für die Fülle aller Krankheiten. Für psychische Störungen gibt es ein qualifizierteres Klassifikationsinstrument, nämlich das DSM-5, die fünfte Auflage des Diagnostic Statistical Manual of Mental Disorders, deutsch: „Diagnostischer und statistischer Leitfaden psychischer Störungen", das freilich nur von Spezialisten für psychische Krankheiten benützt wird. Insofern bleibt die Frage: Wie qualifiziert waren die Diagnostiker und ihre Diagnosen, die in diesen Psychoreport einflossen? Überhaupt nicht. Die DAK konnte auf Nachfrage nicht beantworten, welchen Anteil Hausärzte, Psychiater und Neurologen an dieser Auswertung hatten. Erstaunlich, dass im Computer-Zeitalter solche Bewertungen publiziert werden, die auf Grund von Meinungen und Mutmaßungen von Ärzten erstellt werden, die gar nicht qualifiziert sind, über Psycho oder Nicht-Psycho entscheiden zu können. Wem also nutzt so eine Erhebung? Sie ist eigentlich nur förderlich der Meinung, dass wir früher oder später ein Volk von psychisch Kranken sind und möglichst viel Psychopharmaka schlucken müssen, damit wir diesen Zustand ertragen.

Aus der gleichen Quelle, nämlich Arztabrechnungen, schöpfte vor über zehn Jahren das Zentralinstitut für die kassenärztliche Versorgung (ZI) in Berlin. 2007, erhielten rund zehn Prozent aller erwachsenen Patienten die Diagnose Depression. Damals kursierte der Verdacht, dass die Diagnose Depression als gelistete Krankheit innerhalb des Morbi-RSA (Morbiditäts-Risiko-Struktur-Ausgleich) dafür herhalten musste, um finanzielle Zuschüsse aus dem Gesundheitsfonds zu erhalten. Dieses Zahlungs-Ausgleichsystem der Krankenkassen wird zwar überarbeitet, galt aber noch im aktuellen Berichtsjahr der DAK.

Nicht wenige Ratsuchende in Sachen Borreliose werden wegen negativ getesteter Antikörper gegen Borrelien erst mal als psychisch krank diagnostiziert. Sie landen häufig in psychosomatischen Schubladen, wenn es um Reha geht, auch in psychosomatischen Kliniken, wo ihnen mit Gesprächen, Entspannungstechniken und Antidepressiva die Borrelioseschmerzen ausgetrieben werden sollen. Im Jahr 2018 wurden mehr als 170.000 stationäre Rehabilitationen wegen psychischer Krankheiten bewilligt; das sind rund 50.000 mehr als zehn Jahre zuvor. Quelle: Spiegel online.

Diagnostik

Nicht jede Lebenskrise ist eine Depression. Und nicht jede Depression ist gleich. Die einen entwickeln sich aus der Kindheit, andere entspringen Lebenskrisen in Familie, Beruf, Partnerschaft. Weniger bekannt, aber sicher genauso häufig, ist eine chronisch-systemische Entzündung als Grund für eine depressive Veränderung. Nahezu jede Infektion ist in der Lage, eine depressive Phase auszulösen. Eine der häufigsten Ursachen ist eine Infektion mit intrazellulären Erregern. Dazu zählen nicht nur Borrelien, sondern auch Chlamydien, Rickettsien, Yersinien und auch extrazelluläre Bakterien wie Streptokokken. Wie kommt das? Wenn sich das Immunsystem ständig mit Erregern auseinandersetzen muss, bilden sich sogenannte Zytokine als erste Abwehr gegen die Eindringlinge. Wir fühlen diesen Vorgang wie der Beginn einer Virusgrippe, unter anderem mit Müdigkeit, Erschöpfung, Gliederschmerzen. Das macht uns traurig, schwächt den Allgemeinzustand. Sind wir nun depressiv?

Auch andere Faktoren können eine derartige Zytokinproduktion auslösen. Dazu zählen Schwermetalle aus Zahnmaterialien (zum Beispiel in Amalgam), auch Cadmium (Tabakrauch, Getreide, Gemüse), Palladium und Gold in Zahnersatz und Schmuck; des weiteren Piercingschmuck, Schrauben und Implantate, Umweltchemikalien wie Pestizide, Holzschutzmittel, Schimmelpilz und Elektrosmog. Sie alle sind in der Lage, eine chronische Entzündungsreaktion auszulösen. Es kommt zu einem Serotoninmangel, der sich mit Schlafstörungen, Libidoverlust, Appetit- und Gewichtveränderungen und einer depressiven Verstimmung äußert. Quelle: Borreliose Wissen Nr. 26.

Manche Menschen irren Jahre lang mit der Diagnose Depression herum, ohne dass ihnen wirklich geholfen wird. Sie schlucken Antidepressiva und wundern sich, dass ihre Gelenkschmerzen bleiben. Durch jenen Psychoreport 2018 der DAK finden sie nun auch noch eine Bestätigung, dass psychische Krankheiten weit verbreitet sind. Die DAK nennt es auch noch „Seelenleiden". Es ist kein Wunder, dass Menschen mit Schmerzen und ohne Hoffnung und Zuversicht, auch noch ohne den echten Partner Arzt, depressiv werden, selbst wenn die Depression „nur" durch eine Infektion ausgelöst wurde, die man wirksam bekämpfen könnte. Aber sie sind mit einem Rezept leichter und schneller abzuspeisen. Das schafft man auch in sieben Minuten.

Vom richtigen Umgang mit Liquor

Die Leitlinien für Diagnostik und Therapie in der Neurologie (DGN 2019) erteilen wichtige Empfehlungen, an die sich leider nicht alle Neurologen halten. Unter anderem …

„*um unnötige Nachpunktionen zu vermeiden, sollte eine ausreichende Menge (mindestens 10 ml) gewonnen, die Liquor- und die zeitgleich abgenommene Serumprobe unverzüglich in ein spezialisiertes Labor verschickt werden, damit das Notfall- und Grundprogramm der Liquor Analytik innerhalb von zwei Stunden durchgeführt werden kann. Für die zeitsensitive

Liquor-Zytologie ist sogar eine Transportzeit von weniger als einer Stunde zu empfehlen".

Bevor man sich als Patient auf eine Liquorentnahme einlässt, sollte man unbedingt klären, ob diese zeitliche Anforderung realisiert werden kann. Nicht selten wird der Liquor auf dem Postweg ins Labor geschickt, und das bei jeder Außentemperatur. Auch so kommen „grenzwertige" oder falschnegative Ergebnisse zustande, die schlimmstenfalls über die richtige Diagnose oder „irgendwas" entscheiden.

Kann Lyme-Borreliose die Nieren beeinflussen?

Durch Lyme-Borreliose hervorgerufene Nierenerkrankungen sind bei Hunden recht häufig, beim Menschen jedoch nicht gut dokumentiert. Es gibt jedoch Hinweise darauf, dass eine chronische Lyme-Borreliose zu Nierenläsionen und einer Art Nierenerkrankung führen kann, die als glomeruläre Erkrankung bezeichnet wird.

Die Glomeruli sind kleine Filtereinheiten im Nierengewebe, in denen das Blut von giftigen Substanzen befreit wird. Ist die Funktion der Glomeruli gestört, hält die Niere schädliche Toxine zurück und gibt Proteine und rote Blutkörperchen in den Urin ab, die vom gesunden Menschen im Körper gehalten werden. Langfristig können alle glomerulären Erkrankungen zu einer chronischen Niereninsuffizienz führen.

Disulfiram für die Behandlung von Lyme Borreliose und Babesiose

Originaltitel „Disulfiram (Tetraethylthiuram Disulfide) in the Treatment of Lyme Disease and Babesiosis: Report of Experience in Three Cases." Autor: Kenneth Liegner, USA

Deutsche Zusammenfassung und Vorbemerkungen von Dr.med. Ursula Talib-Benz, Spiez, Schweiz

Da es eine Zusammenfassung der wichtigsten Schwerpunkte ist, sind nachfolgend nicht alle Textstellen mit dazugehörigen Literaturangaben berücksichtigt. Die Literaturliste ist aber vollständig, um die enorme Menge an Wissen über die Lyme Borreliose (LB) zu dokumentieren, welche im Text von Ken Liegner verwendet wurde. Wo erforderlich, habe ich zum besseren Verständnis Bemerkungen in runden Klammern eingeführt.

Neben den ausführlich beschriebenen drei Patienten berichtet Liegner noch von weiteren zwei Dutzend Patienten mit beeindruckenden Ergebnissen und unter Aufsicht relativ sicherem Disulfiram. Mehrere Personen in eher prekärem Zustand erforderten nur sehr geringe Dosen (zum Beispiel 125mg nur alle zwei Tage). Trotzdem seien dramatische Verbesserungen ihres klinischen Zustandes erreicht worden.

Originalbericht in Englisch:
https://www.mdpi.com/2079382/8/2/72/htm.

Meine Überlegungen zu den von Liegner beschriebenen Dosierungen und zur Behandlungsdauer von Disulfiram:

Die Patienten 1 und 2 wogen circa 200 Pfund jeder – entsprechend rund 90 Kilogramm.

Patient 3 wog circa 220 Pfund, umgerechnet 100 Kilogramm.

Patient 1 erhielt 500 mg Disulfiram während circa vier Monaten. Er blieb in den kommenden 23 Monaten klinisch sowohl medizinisch als psychiatrisch einwandfrei ohne Antibiotika oder Psychopharmaka.

• Patient 2 erhielt 500 mg Disulfiram während rund drei Monaten. Seit rund 14 Monaten ist er beschwerdefrei ohne Antibiotika und Psychopharmaka.

• Patient 3 musste Disulfiram von anfänglich ein bis zwei Mal 250 mg pro Tag auf 125 mg jeden zweiten Tag reduzieren, somit etwas über 60 mg pro Tag. Allmähliche Dosiserhöhungen auf 500 mg pro Tag in den letzten zwei Monaten. Total Behandlungszeit (inklusive ganz niedrig dosiertem Disulfiram) etwas über vier Monate bis zur Beschwerdefreiheit. Er findet rückblickend, dass die schwächenden ersten Wirkungen von Disulfiram am ehesten mit Jarisch-Herxheimer-Reaktionen vereinbar sind.

- Patient 3 erreichte trotz zeitweilig viel tieferer Dosis ebenfalls Beschwerdefreiheit, erlitt aber dann ein Rezidiv. Wegen dieses Rückfalls wurde nach rund neun Monaten seit Beendigung der ersten Disulfiram-Behandlung eine zweite Behandlung eingeleitet: Langsam mit 0,5 x 250 mg Disulfiram jeden zweiten Tag beginnend, mit der Absicht, die Dosis über mehrere Wochen auf 750 mg pro Tag zu erhöhen und dann 90 Tage bei dieser Dosis zu bleiben.

- Patient 3 hatte während längerer Zeit eine viel tiefere Disulfiram-Dosierung und wog zudem auch zehn Kilogramm mehr als die Patienten 1 und 2.

Gewichtsadaptiert wurden 500 mg proTag bei rund 90 kg Körpergewicht den folgenden Dosierungen entsprechen:

bei 72kg rund 400mg/ Tag

bei 60 kg rund 330 mg/ Tag

bei 55 kg rund 300 mg/ Tag

bei 45 kg rund 250 mg/ Tag

Bei älteren Patienten mit verlangsamtem Stoffwechsel können tiefere Dosen zu ähnlich hohen Blutspiegeln führen wie die normale Dosis. Diese kann darum vermindert werden.

Bei der Anwendung speziell bei Personen mit Lyme-Borreliose ist mit heftigen Herxheimer-Reaktionen zu rechnen. Diese sind an und für sich ein gutes Zeichen für das Ansprechen auf die Behandlung, doch mühsam für Patienten zu ertragen. Sie hören trotz weiterer Einnahme von Disulfiram allmählich auf, können aber selbst beim Pausieren des Medikaments noch Tage anhalten. Man vermutet, dass diese Reaktionen entstehen, wenn es vorrübergehend zu einem Entstehen von Toxinen beim Abbau von Bakterien kommt. Auf der Webseite www.borreliose-Bund.de findet sich eine ausführliche Dokumentation über Herxheimer-Reaktionen als kostenloser Download.

Der Erfahrungsbericht von Kenneth B. Liegner, Pawling, New York

Publiziert am 30. Mai 2019

Abstrakt

Drei Patienten litten trotz intensiven langjährigen Antibiotika-Behandlungen an chronisch rezidivierender neurologischen Lyme-Borreliose (Neuroborreliose) und Babesiose.

Sie erreichten Symptomfreiheit unter Disulfiram und blieben nach alleiniger Behandlung mit Disulfiram klinisch gesund während Beobachtungszeiträumen von sechs bis 23 Monaten. Ein Patient wurde nach sechs Monaten rückfällig und wurde erneut mit Disulfiram behandelt.

Einleitung

Rezidivierende chronische und neurologische Lyme-Borreliose mit persistierender Infektion trotz Behandlung ist gut dokumentiert und problematisch [1–16]. Erklärungen für dieses bemerkenswerte Phänomen finden sich im intrazellulären Aufenthalt der Borrelien, in deren komplexen Lebenszyklus, deren Aufenthalt in schützenden Nischen, in der Biofilmbildung und im unterdrückten Immunsystem des Wirtes [17–29].

Es ist zunehmend klar geworden, dass die Behandlung einer Borrelieninfektion mit den gegenwärtig verfügbaren antimikrobiellen Mitteln die Infektion unterdrücken, aber nicht ausmerzen kann. Syphilis liefert hierfür einen Präzedenzfall [30,31]. Die Babesiose kann auch trotz der besten verfügbaren Behandlungsmethoden fortbestehen, insbesondere bei Wirten mit geschwächtem Immunsystem [32–34]. Eine gleichzeitige Infektion (CoInfektion) mit Borrelien und Babesien kann vermutlich zu einer schwerwiegenderen Krankheitsmanifestation führen [35].

Mehrere Forschergruppen haben kürzlich neue Verbindungen zur Behandlung der Lyme-Borreliose identifiziert [26, 36, 37]. Disulfiram wurde in vitro (im Reagenzglas) als hochaktive Verbindung gegen Borrelien identifiziert, nachdem 7.450 Wirkstoffmoleküle aus verschiedenen chemischen Substanzen herausgesucht worden waren. [36,38]. Dieser Befund legt nahe, dass das von der US-amerikanischen Arzneimittelbehörde FDA zugelassene Disulfiram das Potenzial hat, die Lyme-Borreliose beim Menschen zu behandeln.

Hier wird über drei Patienten mit rezidivierender Borreliose berichtet, von denen jeder zufällig auch eine

Babesiose hatte. Die Anwendung von Disulfiram erübrigte die Notwendigkeit einer weiteren antimikrobiellen Behandlung während des Beobachtungszeitraums bei zwei der drei Patienten. Ein dritter erlitt einen Rückfall und wurde erneut behandelt. Überraschend scheint Disulfiram nicht nur gegen Borreliose, sondern auch gegen Babesiose wirksam zu sein.

Fall 1

Zeckenstich im späten Mai 2008. Erste Symptome Mitte Juli 2008. Behandlungen ab 2008 mit Amoxicillin, intravenösem Ceftriaxon (Rocephin), Azithromycin, Atovaquon, Banderol, Samento und ähnlichem. Ab 2010 Minocyclin, 2011 Amoxicillin, im April 2012 Tinidazol (500 mg täglich an zwei aufeinanderfolgenden Tagen pro Woche gegen die zystischen Borrelienformen [45]. Im 2013 unter anderem Hydroxychloroquin, Metronidazol. 2016 nach Erreichen von rund 90 Prozent seines ursprünglichen Gesundheitszustandes gepulste Therapie mit zwei Wochen Behandlung und drei Wochen ohne.

Der Patient war verärgert, dass er fast zehn Jahre lang mit seiner Krankheit zu kämpfen hatte, ohne ein Ende in Sicht. Im März 2017 berichtete er, dass an einer Konferenz Disulfiram als das höchst aktive Mittel gegen Borrelien burgdorferi erwähnt wurde. [49]. Die Daten von Pothineni et al. erwiesen Disulfiram als sehr effizient bei einer minimaler Hemmkonzentration (MIC von 0.625 micromoles [36].

Im März 2017 begann die Behandlung mit Disulfiram 500 mg täglich. Am 13. Juli 2017 verkündete der Patient, er sei geheilt. Er blieb in den kommenden 23 Monaten klinisch sowohl medizinisch als psychiatrisch einwandfrei ohne Antibiotika oder Psychopharmaka.

Fall 2

Bei der Erstkonsultation 2010 berichtete der 74-jährige Patient über einige hundert angedockte Zecken, ohne jemals eine Wanderröte bemerkt zu haben. 2009 war ein wiederholter Borreliose-Test positiv. Die einmonatige Behandlung mit Doxycyclin brachte keine Besserung. MRT vom Gehirn im Oktober 2009: Periventrikuläre Veränderungen der weißen Hirnsubstanz wurden als altersentsprechenden Parenchym Verlust bewertet. Differentialdiagnostisch wurde unter anderem an Alzheimer gedacht.

Nach 30 Tagen Ceftriaxon bis 2009 und signifikanter Besserung kam es nach fünf Monaten zu einem Rückfall. 2010 spezifischer Nachweis von Borrelien-DNA (OspA Plasmid). Zusätzliche 30 Tage intravenöses Ceftriaxon mit Besserung der Multi-System-Symptome, dann oral Minocyclin 200mg täglich mit gewisser Besserung, doch trotz weitergeführter Therapie mit Minocyclin ab Mai 2011 Verschlechterungen und Bettlägerigkeit. Im Juli 2011 Test positiv für Babesien microti.

Er erhielt Atovaquon als Monotherapie. Wieder Ceftriaxon und Verschlechterung trotz lange dauerndem Minocyclin. Ceftriaxon über zehn Monate. Tinidazol 500mg zweimal täglich, Atovaquon und Proguanil mit Wiedererlangen eines fast normalen, altersentsprechenden Zustandes.

2013 nach hochdosiertem Amoxicillin sowie Tinidazol wiederum OspA im Serum entdeckt durch eine PCR. Patient blieb bis April 2014 stabil mit diversen Mitteln. Im Juli 2015 Depression. OspA-DNA bestätigt. Trotz Antibiotika und Psychopharmaka deutliche Fatigue (Erschöpfung) und Depression bis Dezember 2017. Die psychiatrischen und körperlichen Symptome besserten sich allmählich mit einigermaßen guter Lebensqualität. Orale Behandlung mit 500 mg Disulfiram täglich ab Januar 2018. Der Patient ertrug die Behandlung trotz tiefer Fatigue, welche ihn in Woche fünf und sechs ins Bett zwang. Er berichtete später, dass sein Kopf "matschig wie Brei" gewesen sei. Ende März 2018 sagte er: "Ich poliere meine Schuhe! Wissen Sie, wie lange es her ist, seit ich meine Schuhe habe glänzen lassen können?" Die Psychopharmaka-Behandlung konnte ausgeschlichen werden. Seine Depression besserte signifikant und er berichtete, einfache mathematische Berechnungen im Kopf lösen zu können. Nach normalem Schlaf wache er erfrischt auf, habe normale Energie, sei aktiv unter dem Tag und könne einige Zeitungen "online" lesen. Bis diesen Mai 2019 blieb er über ein Jahr lang gesund ohne antimikrobielle Therapie.

Fall 3
Bei seiner Erstkonsultation 1995 berichtete ein damals 35-jähriger Polizist von einer Wanderröte fünf bis zehn Jahre zuvor. 1992 entwickelte er Hüftschmerzen, Ängste, Panikattacken und Herzklopfen. 1994 extreme Erschöpfung und im Herbst Fieber mit grippeähnlichen Symptomen, Schüttelfrost, Kopfschmerzen und steifem Nacken. Im Dezember 1994 Orientierungslo-

sigkeit, Gedächtnis- und Sprachschwierigkeiten. Zwei Wochen Amoxicillin brachten Verbesserungen, doch die Symptome kehrten nach Therapieende wieder zurück, auch nach einem zweiten Mal.

Serologische Tests waren negativ bei normalem Schädel-MRT. Ab Juni 1995 sechs Wochen Ceftriaxon-Infusionen. Im Herbst 1995 Rückfall von Symptomen mit Lufthunger und Atemnot. Das Gehirn–Tomogramm SPECT zeigte eine diffuse Minderdurchblutung mit verminderter Aufnahme in der weißen Hirnsubstanz. ELISA und Westernblot waren negativ. Der Patient beschrieb vielfältige Symptome einschließlich Kopfschmerzen, steifer Nacken, Schüttelfrost, Lichtempfindlichkeit, geschwollene Drüsen, zyklische Symptome, Stimmungsschwankungen, Schlafstörungen, Gelenkschmerzen, schwächende Müdigkeit, kognitive und Gleichgewichtsstörungen, Schlafstörungen, verminderte Libido und anderes. Der Patient war sich seiner kognitiven Schwierigkeiten bewusst. Sekundenbruchteile entschieden über das Ausüben von tödlicher Gewalt.

1995 wurde er von der Arbeit suspendiert. 1996 dokumentierten neuropsychologische Tests Beeinträchtigungen vom logischen Denken und sozialem Urteilsvermögen, von der auditiven Verarbeitungsgeschwindigkeit, von der primären visuellen Verarbeitung und vom visuellen Gedächtnis. Trotz hoch dosiertem Amoxicillin mit Probenecid, dann Clarithromycin, verirrte er sich beim Fahren in vertrauten Gegenden, hatte Schwierigkeiten, sich auszudrücken, erlebte unerträgliche Angstzustände. Weitere Medikamente waren Minocyclin, Amoxicillin, intravenöses Ceftriaxon, Clarithromycin. Intravenöse Antibiose während rund elf Monaten bis Februar 1997 mit zeitweiligen Unterbrechungen. Dann hohe Dosen von Amoxicillin, Probenecid, Clarithromycin.

Wiederholte Gehirn-SPECTS zeigten einige, doch nicht komplette Verbesserungen. 1997 konnte der Patient reduziert arbeiten und empfand sich auf 65 bis 70 Prozent seines ursprünglichen Gesundheitszustandes. 1998 fühlte er sich gut und beendete die Behandlung. 1999 hatte er Unwohlsein, Sinusitis ähnliche Symptome, Steifigkeit bei den Hüften, Artikulationsstörungen, milde Gangataxie. Im Jahr 2000 monatliche Schube von Symptomen, die schon 1999 aufgetaucht waren. Trotz Amoxicillin hatte er dumpfen Kopfdruck, Ängste, Panikattacken, ein Gefühl, ratlos zu sein.

2011 besserten sich die Hüftschmerzen innerhalb von Tagen mit Doxycyclin. Im September so starke Erschöpfung mit Muskel- und Gelenkschmerzen sowie Steifigkeit, dass er kaum das Bett verlassen konnte. Doxycyclin bis Januar 2002 verlängert. Er fühlte sich relativ gut, doch innerhalb eines Monats nach dem Medikamentenstopp kamen die Symptome zurück. 2006 war er so beeinträchtigt in seinen Funktionen und in seiner Lebensqualität, dass er seine Arbeit aufgab. 2008 zeigte ein Gehirn-SPECT eine Verschlechterung der Hirnrindendurchblutung sowie eine Heterogenität (Kognitives Unvermögen). Er konnte nicht mehr lesen und erhielt unter anderem intravenös Ceftriaxon. Auch eine Babesiose wurde festgestellt. Von 2011 bis 2014 verschiedene Antibiotika, später unter anderem wieder Ceftriaxon intravenös bis 2016. Ab Mitte Januar 2018 Disulfiram (250 mg Tabletten, 1 bis 2 pro Tag), wobei alle anderen antimikrobiellen Behandlungen abgebrochen wurden. Disulfiram führte zu einer starken Müdigkeit und Beeinträchtigungen, so dass der Patient nur jeden zweiten Tag 125 mg Disulfiram ertragen konnte. Die Dosis wurde allmählich erhöht auf 500 mg pro Tag in den letzten zwei Monaten der Behandlung (Ende Mai 2018). Die regelmäßigen Labortests zur Überwachung waren zufriedenstellend.

Bemerkenswert für den Patienten war, dass trotz des Absetzens von Azithromycin und Atovaquon kurz nach der Einleitung einer geringen Dosis Disulfiram kein Nachtschweiß mehr auftrat. Die Libido verbesserte sich. Rückblickend ist er der Ansicht, dass die schwächenden ersten Wirkungen von Disulfiram am ehesten mit den Jarisch-Herxheimer-ähnlichen Wirkungen vereinbar sind, die er bei der Anwendung herkömmlicher Antibiotika im Verlauf seiner Behandlung erfahren hatte.

Am 19. Februar 2019 wurde eine zweite Disulfiram-Behandlung eingeleitet, die langsam mit 0,5 x 250 mg jeden zweiten Tag begann, mit der Absicht, die Dosis über mehrere Wochen auf 750 mg pro Tag zu erhöhen und dann 90 Tage bei dieser Dosis zu bleiben und dann einzustellen.

Diskussion

In jüngster Zeit haben sich mindestens vier akademische Forschungszentren mit dem Problem der persistierenden (überdauernden) Borrelien befasst. Ihr ursprünglicher Ansatz bestand darin, bestehende, von der FDA (amerikanische Lebensmittelüberwachungs- und Arzneimittelbehörde) zugelassene Arzneimittel im offiziellen amerikanischen Arzneibuch (Pharmacopeia) einzeln oder in verschiedenen Kombinationen auf In-vitro-Aktivität (im Reagenzglas) gegen Borrelien zu untersuchen [26, 37, 69 –73], auch Kräuterpräparate [74, 75].

Disulfiram ist seit rund 60 Jahren im Gebrauch gegen Alkoholprobleme. Der Disulfiram-Stoffwechsel ist komplex [79 –84]. Das Medikament und seine Metaboliten, (Umwandlungsprodukte) einschließlich Kohlenstoff-Disulfid und Diethyldithiocarbamat verbreiten sich gut in Säugetiergeweben, einschließlich in Fetten und im Zentralnervensystem. Sie haben verlängerte Halbwertszeiten (Zeiten bis die Hälfte des Wirkstoffs abgebaut ist) und benötigen nach einer Dosis ein bis zwei Wochen für die vollständige Elimination (Ausscheidung, Abbau). Die Anreicherung von Acetaldehyd durch die Blockierung der Aldehyd-Dehydrogenase (ein Enzym zum Abbau von Alkohol) ist vermutlich teilweise für die Disulfiram-Ethanol-Reaktion verantwortlich.

Obwohl eine allgemein sichere Substanz, sind Disulfiram Nebenwirkungen dokumentiert [86–97 und 50 – 52], worunter am schwerwiegendsten einige Leberschäden [98 –104] auffallen. Disulfiram kann über

CYP450 (CytoChromPhosphat 50), CYP2E1 und andere Enzyme zu Wechselwirkungen zwischen Arzneimitteln führen und großen Einfluss haben auf die Blutspiegel anderer Medikamente wie zum Beispiel Warfarin, Phenytoin, Barbiturate, Opioide, trizyklische Antidepressiva, hypoglykämische Mittel, Antihistaminika, Benzodiazepine, ZNSStimulanzien und Psychopharmaka.

Die gleichzeitige Anwendung der Nitroimidazole Metronidazol und Tinidazol ist kontraindiziert. Alkoholkonsum muss vermieden und die Patienten müssen gewarnt werden, dass einige rezeptfreie Produkte Alkohol enthalten können und daher ebenfalls vermieden werden müssen.

Von Disulfiram wurde anerkannt, dass es neben der Wirkung gegen Alkoholabhängigkeit einen neuartigen, unerwarteten Nutzen hat [85], so als Mittel gegen Krebs [105] und zur Reduzierung der Plaque-Belastung bei der Alzheimer-Krankheit im Mausmodell [106]. Es wurde gezeigt, dass B. burgdorferi Zink und Mangan als Co-Faktoren für wichtige biologische Schlüsselprozesse benötigt [107, 108]. Möglicherweise hemmt Disulfiram mit seiner hohen Bindungsstärke für Metallionen [85] den mikrobiellen Stoffwechsel. Es wurde gezeigt, dass Disulfiram antimykobakterielle (gegen Tuberkulose-Bakterien) Eigenschaften [109] und eine gute In-vitro-Aktivität aufweist gegen das multiresistente Staphylococcus aureus-Bakterium [110]. Die Disulfiram-Abbauprodukte Disulfide zeigen antibakterielle Eigenschaften [111]. Disulfiram hat eine antiparasitäre Wirkung gegen Giardia [112], Malaria [113], Leishmaniose [114] und Trypanosomiasis [115].

Dieser Bericht über die Behandlung mit Disulfiram bei drei Personen mit etwas willkürlich gewählten Dosierungen und Behandlungsdauer hing von deren subjektiven Erfahrung ab. Nichtsdestotrotz konnten zwei dieser Patienten, die für ein gewisses Maß von Wohlbefinden und Stabilität eine dauernde antimikrobielle Behandlung benötigten, die gesamte antimikrobielle Therapie abbrechen, bei weiterhin gutem Gesundheitszustand über einen Beobachtungszeitraum von 15 und 23 Monaten. Dies war für sie und ihre behandelnden Ärzte ein markantes und unerwartetes Ergebnis. Ein dritter Patient erlitt sechs Monate nach Behandlungsabschluss einen Rückfall und wurde für einen längeren Zeitraum in einer etwas höheren Dosis erneut behandelt.

Wenn Studien von anderen Forschern den Nutzen der Disulfiram-Anwendung bei Lyme-Borreliose und Babesiose bestätigen, sollte eine formelle Studie in Betracht gezogen werden über den Einsatz von Disulfiram bei gut definierten Personen mit diesen Infektionen sowie beim Post-Treatment-Lyme-Borreliose-Syndrom. Diese Studie sollte alle bekannten Labormethoden zur Bewertung anwenden, einschließlich Antikörper-, Zytokin-, Chemokin-, Proteom- und Metabolomreaktionen in Serum und Cerebrospinalflüssigkeit sowie mit direkten Nachweismethoden in Körperflüssigkeiten und, wenn möglich, Gewebsproben sowie mit Bildgebungen des Gehirns und neuropsychologischen Tests [119]. Die optimale und ausreichende Dosierung sowie die Behandlungsdauer müssen definiert werden, damit Nebenwirkungen minimiert werden unter der Verwendung der niedrigsten wirksamen Dosis während der kürzesten wirksamen Dauer für diese Disulfiram-Indikationen.

Die Patienten der Fälle 1 und 2 wogen ungefähr 200 Pfund und eine Disulfiram-Dosis von 500 mg pro Tag scheint ausgereicht zu haben, um eine langfristige Remission aufrechtzuerhalten. Der Patient in Fall 3 wog ungefähr 220 Pfund. Obwohl eine Dosis von 500 mg pro Tag einen dauerhaften Nutzen (Vorteil) verleiht, verhinderte diese Dosis nicht einen klinischen Rückfall der Lyme-Borreliose sechs Monate nach Therapieabschluss. Wie bei den meisten pharmakologischen Wirkstoffen ist es logisch, anzunehmen, dass Disulfiram möglicherweise eine Dosisanpassung für das Gewicht erfordert, wie dies durch den Rückfall in Fall 3 nahegelegt wird. Es bleibt jedoch abzuwarten, ob im Fall 3 eine höhere Dosis und eine längere Therapiedauer zur dauerhaften Remission führen - es kann andere Gründe für ein Behandlungsversagen in seinem Fall gegeben haben, die über Gewichtsdosierungsprobleme hinausgehen.

Nach den hier gemeldeten Erfahrungen mit den drei Erstindividuen wurde Disulfiram angewendet bei weiteren zwei Dutzend sorgfältig ausgewählten Patienten, über die wir hier nicht im Detail berichten. Die Ergebnisse waren beeindruckend, und die Verwendung von Disulfiram war unter sorgfältiger Aufsicht relativ sicher. Mehrere Personen, deren eher prekärer klinischer

Status die Anwendung von sehr geringen Dosen von Disulfiram erforderte (zum Beispiel 125 mg nur alle drei Tage), zeigten eine dramatische Verbesserung ihres klinischen Zustandes. Dies regte eine Strategieänderung an mit Disulfiram als Erhaltungstherapie. Daher kann Disulfiram als Einzelsubstanz eine wirtschaftliche, praktische und relativ sichere Alternative zu Kombinationen aus Langzeitantibiotika und antiparasitären Therapien bieten, welche Risiken, Kosten und Unannehmlichkeiten mit sich bringen.

Wenn eine heilsame Wirkung von Disulfiram bei der Behandlung von Borreliose und Babesiose bestätigt wird, sollte seine Nützlichkeit bei der Behandlung anderer Spirochäten-Erkrankungen, einschließlich Syphilis, von rezidivierendem Fieber, tropischen Treponematosen, von Leptospirose sowie bestimmten parasitären Erkrankungen erforscht werden. Es bleibt abzuwarten, ob Disulfiram eine Rolle bei der akuten oder frühen Lyme-Borreliose oder der Babesiose spielt und ob es zur Prophylaxe von Zeckenstichen geeignet ist [120–122].

Schlussfolgerungen

Bei einer begrenzten Anzahl von Patienten mit Lyme-Borreliose und Babesiose scheint Disulfiram klinisch nützlich. Kontrollierte Versuche mit diesem Wirkstoff zur Behandlung von Lyme-Borreliose und Babesiose können gerechtfertigt sein, zusammen mit der Aufklärung der Wirkungsmechanismen dieser offensichtlichen Wirkungen gegen Borrelien und Babesien.

Ergänzungen:

Der Originaltext ist verfügbar unter:
http://www.mdpi.com/2079-6382/8/2/72/s1.

Venkata Raveendra Pothineni half bei der Formatierung des Manuskripts für die Veröffentlichung und schlug zusätzliche sachdienliche, relevante und passende Verweise vor. Der Autor ist ein unentgeltlicher wissenschaftlicher Berater von Lyme-Tek, einem Unternehmen, das sich der Entwicklung und klinischen Verfügbarkeit verbesserter Diagnostika und Therapeutika für Lyme-Borreliose und andere durch Zecken übertragene Infektionen widmet.

Interessenkonflikte: Der Autor Liegner erklärt keine Interessenkonflikte.

Zusätzliche Informationen vom Borreliose und FSME Bund Deutschland: Für Borreliose ist Disulfiram ein sogenanntes Off-Label-Use, das heißt, es ist dafür nicht zugelassen und die Krankenkassen ersetzen die Kosten dafür nicht. An der Forschung mit Disulfiram ist auch der bekannte Borreliose-Spezialist Dr. Kim Lewis von der Northeastern University, Boston, engagiert. Es wurde kürzlich eine kleine Studie an Menschen freigegeben, die jedoch erst im März 2021 abgeschlossen sein soll.
https://clinicaltrials.gov/ct2/show/NCT03891667

Entzündungshemmer Lein

Lein ist eine der ältesten Kulturpflanzen der Menschheit. Bereits 5000 v.Chr. wurde er angebaut und noch unsere Urgroßeltern kannten die wogenden blauen

Felder, die der sprichwörtlichen „Fahrt ins Blaue" ihren Namen schenkte. Doch schon der botanische Name „usitatissimum" (der Nützlichste) vermittelt dem Lateiner, dass es sich bei Lein um ein wahres Superfood handelt. Die naturheilkundliche Hildegard von Bingen entdeckte vor 800 Jahren die entzündungshemmende und beruhigende Wirkung der in den Samen befindlichen Schleimstoffe. Wurde Leinöl noch vor wenigen Jahren hochpreisig in Reformhäusern gehandelt, hat es inzwischen sogar bei Aldi Einzug gehalten und zwar in Schneekoppe-Qualität.

Leinsamen fördern als Ballaststoffe nicht nur die Verdauung, sondern sind auch Superfood für die Darmbakterien und damit gut für das Immunsystem. 30 bis 45 Prozent der Samen enthalten fette Öle, unter anderem Linol- und Alpha-Linolensäure (Omega-6- und Omega-3.Fettsäure). Diese Fettsäuren kann unser Körper nicht selbst bilden, sie sind aber lebensnotwendig, um Entzündungsprozesse im Körper abzupuffern.

Leinöl ist deshalb in Verruf gelangt, weil es häufig zu lange herumsteht, bis es konsumiert wird und dann schlecht schmeckt. Länger als vier Monate sollte man es nicht gebrauchen und auch Leinöl verschmähen, dessen Haltbarkeit über diesen Zeitraum angegeben ist. Die Chemikerin und Apothekerin Johanna Budwig (1908 bis 2003) empfahl, einen Esslöffel Leinöl auf 125 Gramm Magerquark zusammen mit Früchten, Honig und Nüssen oder pikant mit Salz, Meerrettich und Gewürzen zu parfümieren und täglich zu verzehren.

Weitere Anwendungsregel: Ganze Samen wirken weniger intensiv als geschrotete. Sie wandern durch den Darm, regen zwar die Peristaltik an, geben aber ihre Stoffe nicht ab. Geschrotet und gemörsert und als Öl entfalten ihre Schleimstoffe die gewünschten positiven Effekte. Zur Einnahme von Leinsamen sollte wenigstens ein Glas Wasser getrunken werden, damit keine Verstopfung droht. Leinsamen und Leinöl sollte auch von Gesunden nicht gleichzeitig mit Medikamenten eingenommen werden, weil sie die Wirkung herabsetzen können. Besser ist ein zeitlicher Abstand von zwei bis drei Stunden.

Das Geheimnis der Gene

Jeder gesunde Mensch hat rund 25.000 Gene, verteilt auf genau 46 Chromosomen. 23 vom Vater und 23 von der Mutter. Und doch ist jeder Mensch einzigartig. Genetische Faktoren beeinflussen sowohl Krankheiten als auch, wie wir auf Medikamente ansprechen. Das individuelle genetische Profil enthält spezifische Informationen, die helfen können, unter den verfügbaren Medikamenten die wirksamsten und zugleich sichersten auswählen und damit Wirkung und Risiko einschätzen zu können. Bei der Auswahl von Therapien ist man mengen- und aktualitätsbedingt stets auf allgemeine Studiendaten angewiesen. Sie beziehen sich fast ausschließlich auf junge Männer.

Personalisierte Medikamente werden schon länger getestet. Sie ersparen Fehlschläge, nichtwirksame Behandlungen und grenzen Nebenwirkungen ein. Bei HIV und Krebs sind bereits gute Erfolge zu verzeichnen um Überdosierungen und Unterdosierungen zu vermeiden. Für so eine Genanalyse muss man lediglich eine Speichelprobe abgeben. Wenn ein Facharzt für klinische Pharmakologie in der Schweiz diese Untersuchung anordnet, zahlt sie sogar die Krankenkasse. Der ausgestellte sogenannte PGX-Pass bleibt dann ein Leben lang gültig; darauf sind alle relevanten Geninformationen gespeichert. Die Kosten dafür liegen in der Schweiz bei etwa 700 Schweizer Franken.

Für Borreliose-Behandlungen ist das allerdings noch Zukunftsmusik. Im Idealfall könnte man für jeden Patienten das richtige Antibiotikum in der gentypisch-wirksamsten Dosierung feststellen. Doch für Antibiotika existiert noch keine Expertise.

Quelle: www.sonogen.eu

Kräuter-Empfehlung aus den USA

Von der slowenischen Borreliose-Patientenorganisation erhielten wir dieses Link. Wichtig: Diese Kräuter sind kein generelles, ausschließliches Heilmittel für Lyme-Borreliose, sondern Ergänzungen aus der Kräuter-Heilkunde und nicht ausschließlich für Lyme-Borreliose gedacht. Wer sie parallel zu einer antibiotischen Behandlung anwendet, sollte dies seinem Arzt sagen; denn auch pflanzliche Drogen können Wechselwirkungen mit Medikamenten und unerwünschte Nebenwirkungen auslösen. Wir wollten diese Informationen trotzdem nicht im Papierkorb verschwinden lassen. Einige dieser Kräuter werden auch in Deutschland von Ärzten zur (Mit)-Behandlung von Lyme-Borreliose eingesetzt. Im Zweifelsfall: Fragen Sie ihren Arzt oder Apotheker.

Artemisia Annua

Deutscher Name: Süßer Wermut. Das Kraut wird gegen Parasiten wie Borrelien, Babesien und Toxoplasma gondii, ein intrazellulärer Parasit und Verwandter der Malaria eingesetzt. Wirkt angeblich gegen die zystischen Formen der Borrelien.

Astragalus-Wurzel (Tragant)

Die aus der Mongolei stammende Pflanze der Schmetterlingsblütler wird in der Traditionellen Chinesischen Medizin (TCM) häufig eingesetzt. Sie sei immunstimulierend, entzündungshemmend und besitzt antioxidative und leberschützende Eigenschaften. Die Fähigkeit, das Immunsystem zu unterstützen kommt von sekundären Pflanzenstoffen: Flavonoide und Saponine. Es wird vermutet, dass einige dieser Substanzen Biofilme auflösen können.

Black Walnut Green Hulls (Schalen von Schwarzen Walnüssen)

Extrakte daraus können Borrelien und Zysten abtöten und Biofilme auflösen. Die antioxidative und antibakterielle Verbindung heißt Juglon. Dieses Phytochemische Mittel hat auch antiparasitäre und antimykotische Wirkungen, unter anderem wird es gegen den Hefepilz Candida albicans eingesetzt.

Sanddorn-Rinde

Getrocknete Sanddornrinde wird traditionell als Abführmittel eingesetzt. Darüber hinaus hat sie antivirale, antibakterielle und antimykotische Eigenschaften. Auch sie enthält Flavonoide und Saponine, die Biofilme auflösen können.

Boneset (Knochensalz)

Eupatorium perfoliatum trägt den Beinamen Fieberkraut und Schwitzpflanze, weil es von amerikanischen Ureinwohnern gegen Fieber und Schweißausbrücke eingesetzt wird. Labor- und Tier-Studien zeigen, dass es pflanzliche Verbindungen besitzt, die entzündungshemmend, antibakteriell, antiviral wirken und sogar gegen Krebs und Malaria wirken können.

Katzenklauenrinde

Bei uns bekannt unter dem Namen „Katzenkralle". Das Kraut hat antioxidative, antivirale und entzündungshemmende Eigenschaften. Es wird gegeben bei Entzündungen im Nervensystem und in den Gelenken.

Cranesbill Root

Bei uns bekannt als Geranium macilatum. Es wird in der TCM eingesetzt, weil es gegen bestimmte Bakterien, Viren und Protozoen-Parasiten (Einzeller, Malaria, Amöben) wirkt. Parasiten können bei Lyme-Borreliose eine Rolle spielen, weil sich Borrelien in ihnen verstecken können.

Teufelskralle

Die Pflanze stammt aus Südafrika, wird aber in Deutschland traditionell bei Schmerzen, Gelenkentzündungen (Lyme-Arthritis) eingesetzt.

Essiac Blend

Dies ist eine Kombination aus Klettenwurzel, Rhabarberwurzel, Sauerampferblättern und glatte Ulmenrinde. Man vermutet, dass dieses ein altes kanadisches Indianermittel ist, das heute als alternative Krebstherapie benutzt wird. Eine Laborstudie ergab, dass es Schäden durch freie Radikale an der zellulären DNA verhindern und der Normalisierung von Immunantworten helfen kann. Die Autoren meinen, dass Lyme-Borreliose langfristig zu einer Autoimmunität führen könne.

Eleuthero Root

Wird auch sibirischer Ginseng genannt. Es ist eine Art Grundnahrungsmittel der TCM. Dort wird es eingesetzt, um mehr Energie zu erlangen sowie Schmerzen und Entzündungen wegzudrücken.

Hawthorn Berry/Leaf

Bei uns bekannt unter den Namen Weißdorn. Manche kochen aus den roten Beeren Marmelade. Beeren und Blätter besitzen antioxidative Eigenschaften; sie regulieren unregelmäßigen Herzschlag, Bluthochdruck und Herzinsuffizienz.

Schachtelhalm

Dies ist eine der ältesten Pflanzenarten der Erde. Das daraus gewonnene Öl wirkt schmerzlindernd und auch stark gegen Bakterien und Pilze, einschließlich Candida albicans.

Japanische Knöterichwurzel

Es enthält den Wirkstoff Resveratrol, dem man stark antioxidative, entzündungshemmende und krebsbekämpfende Wirkung nachsagt. In Labortests gelang es, die aktive Form von Lyme-Bakterien abzutöten, auch Zystenformen.

Mariendistelsamen

Die darin enthaltenen Pflanzenstoffe werden als Silymarin bezeichnet. Sie besitzen antioxidative, antivirale und entzündungshemmende Eigenschaften und gelten als Leberschutz. Speziell Babesien sind eine Ursache für Leberversagen.

Brennnesselblätter

Viele guten Eigenschaften sind bekannt: Schwermetalle ausspülen, Entzündungen hemmen, das Immunsystem unterstützen. Also nicht im Garten ausrupfen, sondern die jungen Triebe zupfen, trocknen und zum Kräutertee verwenden.

Pau D'Arco Bark

Die Rinde dieses rosa blühenden Baums aus den tropischen Regenwäldern Südamerikas wird dort traditionell gegen Arthritis, Fieber und Schmerzen eingesetzt. Mehrere entzündungshemmende Substanzen können eventuell auch bei Nervenentzündungen helfen sowie gegen Parasiten wirken.

Kardenwurzel

Ja, die hat sich auch in den USA herumgesprochen. Angeblich wirken diese Tinkturen bei Gelenkentzündungen und sie hemme das Wachstum der Spirochäten.

Wermut

Er ist verwandt mit Artemisia annua. Lateinischer Name: Artemisia Absinth und riecht nach Salbei. Es wird bei Darmentzündungen eingesetzt, aber auch um Parasiten loszuwerden, in die sich Borrelien flüchten können.

Weiße Weidenrinde

Die medizinische Verwendung von Salix alba reicht bis in die Antike zurück. Das Kraut ist ein traditionelles Mittel gegen Schmerzen und Entzündungen. Es enthält eine Verbindung namens Salicin, die Aspirin ähnlich ist. Jedoch reicht die Menge an schmerzlindernden Eigenschaften nicht aus, um einen spürbaren Erfolg zu beobachten. Deshalb wird meist eine Kombination mit anderen schmerzlindernden Pflanzenstoffen benützt.

Gelbe Dockwurzel

Sie wird zur Förderung der Leberfunktion verwendet, weil sie entscheidend für die Entgiftung des Körpers an der Therapie mitwirkt. Angeblich soll die Substanz helfen, Biofilme zu knacken sowie den Parasiten abzutöten, der Malaria verursacht.

Kurkuma

Das hat sich auch in Europa herumgesprochen: die entzündungshemmende Wirkung von Kurkuma, auch Gelbwurz genannt. Mehrere Studien belegen, dass

Kurkuma die Gelenkfunktion unterstützt und Gelenkschmerzen lindert. Leider hat noch niemand untersucht, ob das blanke Pulver die gleiche Wirkstärke entwickelt wie die frische Kurkuma-Wurzel, die man neuerdings in ausgewählten Supermärkten kaufen kann. Originalquelle:
https://microformulas.com/blogs/microbe-formulas/21-herbs-to-beat-chronic-lyme-disease

Hyperthermie weitergedacht

Von Ute Fischer

Dass Begriffe wie Hype und Hyperthermie mit den gleichen Buchstaben beginnen, ist reiner Zufall. Eine, die das jedoch auf die Spitze getrieben hat, ist jene Klinik in **Bad Aibling**, die in diesem Sommer mit farbigen mehrseitigen Reportagen den Heilsbringer für Borreliosepatienten spielte. Ich habe seit 20 Jahren mit vielen, vielen Borreliosepatienten telefoniert. Dabei war nicht ein einziger, der über Wundertaten aus Bad Aibling berichtete.

Nun Hyperthermie nächste Stufe. **Dr. Gerhard Siebenhüner**, der in Frankfurt am Main niedergelassene

Facharzt mit vielen Weiterbildungen und Fachgebieten und voran gegangenem Studium der Physik und Mathematik, hatte sich ursprünglich für die Aiblinger Methode interessiert. Dass Borrelien bei 41 Grad Celsius absterben, sei wissenschaftlich erwiesen. Nachdem er aber die Risiken gesehen hatte, dass zum Beispiel Patienten im Wärmebett teils schwer heilbare flächige Brandverletzungen auf der Haut erlitten hatten, suchte er nach einer verbesserten Methode, um die Hitze in den Körper zu bringen. Er entwickelte zusammen mit Experten für Anästhesie und Blutwäsche ein Therapieverfahren, das wie in Bad Aibling, zur Behandlung von Krebs und Borreliose einsetzbar, aber schonender und kurzweiliger für den Patienten sein soll. Es nennt sich „Die Extrakorporale Hyperthermie-Perfusion (EHP)". Die EHP kombiniert Verfahrenselemente der künstlichen Fiebererzeugung, verschiedene Arten der Blutreinigung und die Erhöhung der Sauerstoffzufuhr im Blutkreislauf mit einem einzigen Verfahren. Ich fuhr nach Frankfurt am Main und ließ mir die Methode erklären.

- Extrakorporal = Von außen auf den Körper eindringend

- Hyperthermie = Behandlung mit Hitze

- Perfusion = Durchfluss von Flüssigkeiten, wie zum Beispiel Blut

Was passiert also? Der ganze Körper, das Gewebe, Organe werden vom Blut durchflossen. Dieses eigene Blut wird mittels Katheder meist in der Leiste „angezapft", es wird mit einer Art medizinischen Durchlauferhitzer sehr schnell auf 42,5 Grad Celsius erhitzt und auf seinem natürlichen Lauf durch den Körper geschickt. Das geht so schnell, dass es am Ende des Blutkreislaufs noch immer mit 41,8 Grad Celsius wieder herauskommt. Anfangs nutzte Siebenhüner zwei Stellen auf beiden Leistenseiten, praktisch als Einlauf und als Auslauf. Inzwischen genügt eine Stelle für den Katheder, weil doppellumige Schläuche eingesetzt werden können. Während in Bad Aibling der Temperaturanstieg drei bis vier Stunden dauert, bis die gewünschte Temperatur im Körper erzeugt ist, geht das mit der EHP rasend schnell. Das Blut ist schneller als in einer Minute auf 42 Grad Celsius.

Das ursprünglich für Herz-Lungen-Operationen entwickelte Gerät, ein sogenanntes Hämo-Perfusionsgerät, wird normalerweise für die Kühlung von Blut eingesetzt. Aber es kann das Blut im Durchlaufverfahren auch erhitzen. Speziell ist auch die dabei erzeugte Fließgeschwindigkeit. Bei einer Apherese (Blutfilterung) fließt das Blut in einer Geschwindigkeit von 100 qcm-Liter pro Minute durch einen Filter. Bei der EHP sind es 1200 bis 1500 qcm-Liter pro Minute. Die in der Regel im Kreislauf befindlichen sechs Liter Blut werden rund 60 Mal durch den Filter geschickt. Die im Blut befindlichen Erreger bleiben im Filter hängen. Sie kleben an der Oberfläche der als Filtersubstrat enthaltenen Kügelchen. Das Argument, Borrelien seien im Gewebe und seltener im Blut, wirkt hier nicht. Das erhitzte Blut heizt sämtliches Gewebe und Organe auf, so dass sich Biofilme auflösen, die Erreger absterben und über den Blutfluss entsorgt werden. Die Wärme stärke zudem das Immunsystem. Es komme – so Siebenhüner - zu positiven Effekten im Knochenmark, in der Darmwand und im gesamten Mikrobiom.

Das Mikrobiom liebt Wärme

Die ganze Prozedur dauert drei, maximal vier Stunden. Allerdings muss der Patient sorgfältig darauf vorbereitet werden. Er bekommt eine Propofol*—Narkose, wie sie auch bei Magen- und Darmspiegelungen sehr häufig eingesetzt wird, weil sie sehr schnell wirkt und der Patient nach Abklingen schnell wieder auf den Beinen ist. Nur Ärzte mit intensivmedizinischer Erfahrung dürfen Propofol verabreichen. *Michael Jackson starb an einer Überdosis.

Zu einer EHP-Behandlung werden mehrere externe Spezialisten zusammen gerufen. Ein Anästhesist leitet die Narkose ein. Er überwacht den Patienten dauerhaft am Monitor und leitet nach Beendigung die Aufwachphase ein. Ein Facharzt führt unter Ultraschall-Blick den Katheder rund zehn Zentimeter in die Leistenvene ein. Ein externer medizinisch ausgebildeter Kardio-Techniker bedient das von ihm aufwendig gewartete Hämo-Perfusions-Gerät und misst pausenlos den Sauerstoffdruck im Blut, den Basenüberschuss und noch so einiges, vor allem den Grad der Blutgerinnung, der mit Heparin nachgesteuert und am Ende mittels Protamin wieder aufgehoben wird.

Dass Gerät arbeitet so exakt, dass kein Blut-Defizit entsteht und keine Bluttransfusion nötig ist. Mit zwei Filtern werden Erreger, auch die von Coinfektionen, zudem Zytokine (an Entzündungsprozessen beteiligte Mediatoren) und auch Schwermetalle aus dem Blut gefiltert. Dadurch – so Siebenhüner – komme es zu keiner Herxheimer-Reaktion. Bei vorher bekannter Schwermetall-Belastung werden mit Chelatbildnern in einer zweistündigen Vorbehandlung eingelagerte

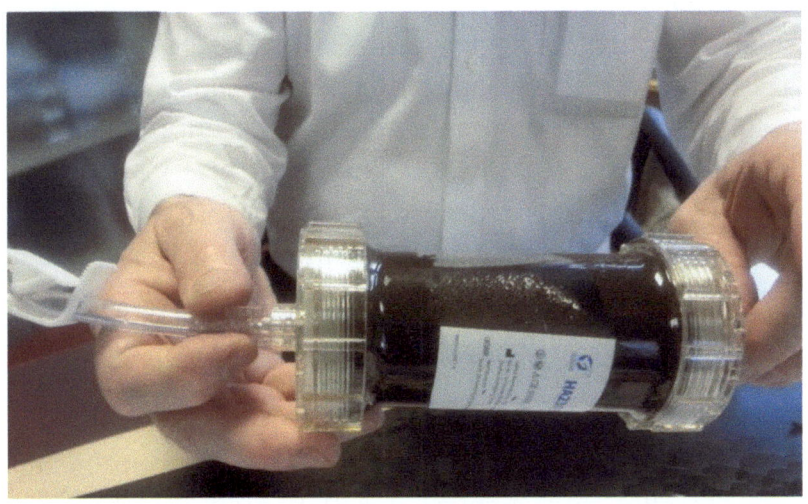

Schwermetalle ins Blut gepresst. Am Muster der Schwermetalle (spezielles Testverfahren) könne man die Aktivität der Infektion erkennen.

Heilung als Ziel? Da wird Siebenhüner bescheiden. Das Ziel sei eine Verbesserung der Lebensqualität und ein Minimieren von Beschwerden. Wie oft wurde die EHP bei ihm schon durchgeführt? Von den rund 300 Anwendungen sei es nur bei der Hälfte um Borreliose gegangen, sonst um Krebs. Es gäbe keine Kontraindikation. Der jüngste Patient sei ein Kind von sieben Jahren gewesen. Großer Vorteil: Es ist kein mehrtägiger Klinikaufenthalt notwendig wie in Bad Aibling. Der Patient kommt zur Behandlung und geht danach wieder nach Hause. Im Zweifelsfall ist ein Urlaubstag fällig.

Wir kommen auf den Preis zu sprechen. Freilich bezahlt das keine Gesetzliche Krankenkasse, wobei es auch da schon findige Ausnahmen gegeben haben soll. Die Hauptkosten – 6.500 bis 7.000 Euro - entstünden durch die Mannschaft, bestehend aus Anästhesisten, einem Nephrologen, der den Katheder legt und durch das EHP-Gerät samt Kardiotechniker, die während der gesamten Behandlung anwesend sind. Schon allein der Katheder koste 400 bis 500 Euro. Und das EHP-Gerät müsse aufwändig sterilisiert und gewartet werden. Siebenhüner selbst sieht sich als eine Art Regisseur, der die Gesamtverantwortung trägt. Damit nicht nach Gutdünken herumexperimentiert werden könne, habe er sich das Verfahren patentieren lassen. Er habe aber starkes Interesse, dass weitere Ärzte mit seinem Erfahrungsschatz die EHP-Therapie anwenden, wenn sicher sei, das alles zum Schutz der Patienten gewährleistet werde. Eine Beobachtungsstudie sei in Vorbereitung. Bisher versäumt wurde, den Inhalt der Filter nach einer Behandlung zu analysieren.
Quelle: www.docgermany.com

Schwachpunkt dieses Interviews ist, dass es trotz Zusage keine Möglichkeit gab, mit Patienten zu sprechen, die sich dieser Prozedur bereits unterzogen haben und fragen zu können, wie es ihnen gesundheitlich danach geht. Jeder Wissenschaftler und in diesem Fall der Arzt

Dr. Siebenhüner muss sich doch dafür interessieren, ob er seinen Patienten dauerhaft geholfen hat. Wer wie er rund 150 Patienten in zwei Jahren mittels EHP behandelt haben will, muss sich doch dafür interessieren, wie viel Prozent seiner Patienten wirklich eine Verbesserung der Lebensqualität erfahren durften und wenn, wie lange. Und wenn nur zehn Prozent zufrieden gewesen wären, gäbe es wenigstens 15 Dokumente mit Aussagen und einer Skala, welche Symptome sich wie verbessert haben.

Wir fragten **Dr. Hüsyin Sahinbas**, Bochum, Facharzt Radiologie, Strahlentherapie und Präsident der Deutschen Hyperthermie Gesellschaft, was er von EHP hält. Zurückhaltend wie die meisten Ärzte gegenüber Kollegen sind, empfahl er uns, diese Art der Therapie eher nicht zu publizieren. Die Gründe dafür erörterten wir in einem Telefongespräch.

Als erstes glaubt Sahinbas nicht, dass Temperaturen von 42,5 Grad Borrelien abtöten könnten. Er nennt als Beispiel Zugvögel, die Zecken mit Borrelien auch aus der Sahara mitbrächten, wo es Temperaturen von 40 und 50 Grad gebe. Schon die Zugvögel haben eine Kerntemperatur bis 41 Grad. Wenn Borrelien das überleben können, was sollen ihnen da 42,5 Grad anhaben? Es ist auch nicht gesichert, dass alle Borrelien wirklich bei 42 °C Temperatur absterben.

Die meisten Hyperthermie-Kollegen arbeiten im Temperaturbereichen von 39-40 Grad. Mit 42,5 Grad Ganzkörperhyperthermie (extreme Form der Ganzkörperhyperthermie) können maximal zwei bis drei

Kliniken in Deutschland überhaupt arbeiten. Eine lokale oder kurzfristige Wärmetherapie kann keinen systemisch abtötenden Effekt haben.

„Wir wissen, dass wir helfen können"

Sahinbas stellt die angeblichen Komplett-Heilerfolge mit Hyperthermie sehr in Frage. Anfangs glaubte man speziell in der Onkologie, damit zirkulierende Krebszellen abtöten zu können und verließ sich darauf, als die Werte des Tumormarker sanken. Doch sie stiegen wieder. Sahinbas behandelt seit 18 Jahren unter anderem Borreliose-Patienten mit unterschiedlichen Kombinationstherapien. „Wir können Symptome lindern, aber nicht ausschließlich mit Wärme. Und wir wissen noch immer nicht, ob wir den Erreger eliminieren oder die Besserung der Lebensqualität durch Behandlung der Symptome geschieht. Jeder der Kollegen hat eigene Protokolle. Aber keiner kann nachweisen, dass diese Behandlung dauerhaft wirkt."

Siebenhüner hat auch keine Protokolle. Auch aus Kreisen der medizinischen Woche Baden-Baden, wo sich Alternativ-Mediziner und –Heiler jährlich treffen, ist bekannt, dass er zwar über seine EHP-Methode spricht, aber keine Dokumente vorzuweisen hat oder sie nicht herausgibt. Insofern war die Entscheidung nicht einfach, von diesem Interview überhaupt zu berichten. Möge es dazu dienen, bei unbekannten Behandlungsmethoden die richtigen Fragen zu stellen und nicht einfach alles zu glauben.

Autogene Desensibilisierung bei Lyme

Ein Versuch, die Spätphase etwas anders zu sehen

Von Reiner Müller

Es wird immer wieder berichtet, dass es Lyme gibt ohne positiven ELISA+ Spot. Auffallend ist dabei, dass Vorgeschichte und Symptome passend sind. Wird das als *fehlnegativ* oder *Borreliose nicht vorliegend* gewertet, dann bleibt der Patient meist ohne Hilfe. Es gibt eine sehr späte Borreliose die immer dem Zustand seronegativ zustrebt. Das wird hiermit behauptet und versucht, nachfolgend zu begründen. Das hat Auswirkungen bis hin zu Gutachten auf Berufsunfähigkeit und zum Umgang mit dieser Phase.

Die späte Lyme

Was kommt nach der Lyme, die sowieso schon als Spätphase der Borreliose definiert ist? Wenn schon ziemlich alles umstritten ist, was Borreliose betrifft, so sind die Meinungen zum Post Lyme Zustand unversöhnlich. Ein wahrer Glaubenskrieg besteht nur noch aus Ignoranten und auf der anderen Seite aus Hysterikern. Wie in einem Krieg üblich, sind beide Seiten von der Richtigkeit überzeugt und haben es aufgegeben, miteinander zu argumentieren

Im Folgenden wird für die späte Lyme der auch von Berghoff verwendete Begriff Late Lyme Disease (LLD)verwendet. Der geneigte Arzt, der bei seronegativ aber eindeutiger Klinik behandelt, ist gegenwärtig noch gut beraten, im Zweifel anstelle von Neuroborreliose lieber Multiple Sklerose (MS), entzündliche Neuropathie oder rheumatoide Arthritis zu kontieren, dann kann und darf er dem Patienten wenigstens helfen. Für Borreliose gibt es außer möglichem Regress nichts weiter.

Gefunden wurde auf der Webseite CDC (Center for Disease Control and Prevention/US-Organisation, vergleichbar mit Robert Koch-Institut) die Information über Studien zur Spätform, der Post Lyme Disease. CDC ist mit NIAID (National Institute of Allergy and Infectious Disease) und NIH (National Institutes of Health) Teil des amerikanischen Gesundheitswesens. Von denen werden auch Studien finanziert und die Ergebnisse dargestellt. Nach wie viel Jahren Probanden als „späte Borreliose" klassifiziert sind, wird nicht näher zeitlich benannt, es könnten mehr als zehn Jahre sein. Der wesentliche Extrakt ist:

1. Es gibt seronegative Fälle. Es wurden immerhin derartige Probanden gefunden und einbezogen neben (noch?) seropositiven. Auswahlkriterien waren anstehende gesicherte Klinik und gesicherte Borreliose-Vorgeschichte.

2. In dieser späten Phase helfen **keine Antibiotika** mehr. Nach Abschluss waren alle Gruppen gleich mit der Placebo-Gruppe.

3. Es geht fast unter, dass während der Studie **temporäre Verbesserungen** festgestellt wurden, die geringgradig ausfielen. Kurz nach Abschluss der Studien waren **alle** Verbesserungen wieder weg und teils erhebliche Nebenwirkungen zu sehen. **Es geht unter, dass man die temporären Verbesserungen auch als Beweis für noch vorhandene Lyme**

sehen kann, sogar muss. Die Frage ist nur, warum dies nicht bleibend ist. Es wird nicht versucht, das zu erklären.

Der seronegative Zustand

Wie soll das gehen – seronegativ – bei aktiver Borreliose? Das rüttelt an den Prinzipien von mancherlei medizinischer Betrachtungsweise. Seronegativ gibt es selbstverständlich vor dem ersten Kontakt und noch kurz danach. Seronegativ gibt es auch lange Zeit nach wirklich erfolgreicher Therapie und ist dann für den Therapeuten ein Beweis seines Erfolges. Dass es seronegativ auch in der Spätphase der Borreliose geben kann, wurde schon oft gefunden. Dass seronegativ in der Phase LLD nicht die Ausnahme ist, sondern der Normalzustand, das wird hiermit als Hypothese gesetzt und vieles spricht dafür. Das ermöglicht eine etwas andere Betrachtungsweise. Schon vor Jahren wurde immer wieder postuliert, dass es Fälle von Borreliose bei seronegativem Befund gebe.

Krankheiten und Allergien

Wie kann ein seronegativer Zustand entstehen? Ein Blick zu den Allergien ist hilfreich. Allergien und Krankheiten sind aus der Sicht des Immunsystems gleich. Es wird geschätzt, dass in Deutschland bis zu 30 Millionen Menschen an irgendeiner Allergie leiden von Pollen, Hausstaub, Nahrungsmitteln, Penizillin bis zu Bienengift und mehr. Es ist die tägliche Arbeit der Allergologen, indem sie geringe Mengen eines Allergens lange Zeit applizieren, bis das Immunsystem den Widerstand aufgibt. Doch nicht nur das. Die Natur selbst hat es mit all denen gemacht, die nicht allergisch reagieren und das sind die meisten Menschen. Diese bekommen erst gleich keine Allergie oder verlieren sie in einzelnen Fällen von allein wieder. Die Evolution hat alle Funktionen auf rationell hin entwickelt und fährt alles zurück, was nicht benutzt wird. Von Muskelabbau in der Schwerelosigkeit oder langer Bettlägerigkeit, Hirntätigkeit bei Nichtforderung bis zu Libidoverlust nach langer Enthaltsamkeit gibt es keine Ausnahme. Warum sollte das beim Immunsystem anders sein?

In der Borreliose- Lyme - Phase haben sich die Borrelien in tiefe Schichten der festen Gewebe zurückgezogen und sind dort sicher vor den Angriffen des Immunsystems, das nur mit dem Blut komplett kommen kann. In Geweben, wie es Knorpel der Bandscheiben, der Gelenke oder Sehnen und Nerven sind, können sie auch mit zellgängigen Antibiotika nur oberflächennah erreicht werden und zusätzlich zur Abwehr Überlebensformen bilden. Andererseits sind für die Borrelien die Bedingungen dort auch nicht optimal, doch haben sie viel Zeit für ihr jahrelanges Zerstörungswerk. So schwer die Borrelien in die festen Gewebe gekommen sind, so schwer und in so geringer Zahl kommen sie auch wieder heraus.

Das Immunsystem vernichtet die wenigen austretenden Borrelien ohne großes Aufsehen. Auf so geringe Infektionsdosen reagiert das Immunsystem nicht und fährt die Abwehr immer weiter zurück. Der Therapeut wertet das dann noch als Erfolg seiner Heilbehandlung. Es kann sein, wenn er alle Borrelien erwischt hat, muss aber nicht, besonders dann nicht, wenn noch typische Beschwerden vorhanden sind. Irgendwann wird es grenzwertig und die Überlebenszeit der Borrelien wird immer länger bis hin zur Seronegativität und dann ist ein schutzloser Zustand erreicht.

Es ist dies die selbsttätige, die **autogene Desensibilisierung**, die so häufig und normal in der Natur ist, dass wir sie schon nicht mehr sehen und nicht einmal den Begriff dafür haben. Dabei kann dies sehr weit gehen: Beim Imker ruft ein Bienenstich keine Schwellung mehr hervor oder der Schlangenbetreuer ist immun auf Schlangengift geworden. Über Desensibilisierung (Hyposensibilisierung) gibt es unzählige Arbeiten und Treffer der Suchmaschinen; über das Gegenteil, der Hypersensibilisierung, fehlt das Wissen. Wenn eine Hypersensibilisierung nicht möglich ist, so bedeutet das, dass dieser irreversible Zustand unbedingt vermieden werden muss. Nicht auszudenken, wenn das auch für einige andere Krankheiten gilt, die man als chronisch bezeichnet. Man denke auch an die Unzahl Syndrome, denen man nur deshalb keine Ursache zuordnet, weil die Laborwerte es nicht hergeben und Ärzte zunehmend die Verantwortung für eine Diagnose lieber an die Laborwerte abgegeben haben.

Die autoimmune Erklärung

Autoimmun ist häufig die Antwort als Erklärungsnot. Man kann sich des Eindrucks nicht erwehren, dass „autoimmun" derzeit überstrapaziert wird, wie bis vor 50 Jahren noch der Begriff „psychosomatisch" immer dann herhalten musste, wenn man nicht weiter wusste.

Damit kein falscher Eindruck entsteht: Es gibt unstrittig autoimmune Reaktionen, aber wahrscheinlich noch mehr falsche Zuordnungen, womöglich auch deshalb, weil man mit Cortisonen, zumindest vorübergehend helfen kann. Es wurde bereits öfter vermutet, konnte bisher nicht untersetzt werden, dass es Fälle von Sjögren, Lupus, MS, Rheumatoide Arthritis, Demenz und andere gibt mit Nähe zur Borreliose. Immer fehlte als "Beweis" die fehlende Seropositivität. Folgt man der These, dass es Seronegativität durch autogene Desensibilisierung gibt, dann kann man eine neue Sicht gewinnen. Nur der direkte Borrelien-Nachweis kann aus dem Dilemma heraus helfen und es gibt ihn.

Reaktionen

Die Immunabwehr ist eine Zusammenarbeit verschiedener Zellen und Botenstoffe. Versagt ein Glied dieser Kette, dann versagt die Abwehr als Ganzes. Einzelne Teile der Immunabwehr können dennoch aktiviert werden und werden dann zur Belastung. Dann ist es so weit, die Symptome zu bekämpfen. Das wird vielfach getan und ist nicht falsch. Doch nur das? Symptome sind beispielsweise Entzündungen. Was aber, wenn die klassischen Entzündungswerte normal sind? Die Entzündungen bis in das Gehirn sind da, aber der Körper reagiert nicht. Wie soll man das finden? „Niedrige CRP haben keinen Krankheitswert", so sagt die Schulweisheit. Für Sjögren und Lupus beispielsweise wurde der niedrige CRP sogar als Beweis für chronisches Geschehen genannt. Was wäre wenn, die Borrelien selbst wegen der erfolgten autogenen Hyposensibilisierung nicht mehr als bedrohlich angesehen werden. Dann würde alles passen. Häufig wird im MRT ein ischämisches Areal beschrieben und als ein vergangener unerkannter Schlaganfall fehlgedeutet. Höchste Zeit, auch Mittel zur Verbesserung der Durchblutung einzusetzen. Auch Besenreiser an den Waden können darauf hindeuten, dass der Körper versucht, mittels neuer Blutgefäße näher an die Erreger in der Haut heran zukommen.

PCR

Das Fazit ist, dass bei Verdacht auf die **späte** Lyme LLD solche Laborwerte wertlos sind, die auf Immunantworten beruhen. Wenn keine Immunantwort mehr da ist, braucht man sich nicht mehr zu streiten, ob das eine oder der andere Verfahren das bessere ist. Nur der direkte Nachweis über Borrelien- DNA gilt. Die Labore müssen daran arbeiten, dass dieser direkte Nachweis noch sensibler wird. In der Leitlinie Borreliose der Neurologen wird dagegen einfach so behauptet: "so sind z.B. positive PCR - Befunde bei Patienten mit langer Krankheitsdauer und negativer Serologie mit hoher Wahrscheinlichkeit falsch positiv". Das macht ganz einfach sprachlos. Mit Ausrufungszeichen. Was nicht sein darf, kann nicht sein. Um bei dieser Leitlinie zu bleiben, so behauptet man darin ohne Beweise, dass PCR aus Serum und Urin sowie LTT definitiv ungeeignet seien. Sie könnten wohl die heile Welt der Verfasser stören. Wenngleich der PCR-Test auch auf tote Borrelien anspricht (siehe Ötzi), dann ist dies kein Ausschluss. Im Gegenteil sagt jede Logik, dass Borrelien wie alle Lebewesen eine beschränkte Lebensdauer haben. Auch tote Bakterien beweisen, dass sie kurz zuvor noch gelebt haben und nicht seit zehn Jahren einfach so noch da sind. Immerhin nennt die Leitlinie der Neurologie die Möglichkeit des PCR im Liquor als "im Einzelfall empfehlenswert" bei klinisch eindeutigem Verdacht. Man macht es nur nicht. Auch deshalb nicht, weil der "klinisch eindeutige Verdacht" seropositiv voraussetzt. Wieder sprachlos mit Ausrufungszeichen.

Wenn sich die Erkenntnis durchsetzt, dass die Endphase LLD immer seronegativ zustrebt, dann fallen alle diese falschen Deutungen durch einfache Logik. Die Frage ist, ob ein Laie so etwas behaupten darf, der nichts weiter hat als seine Logik und mehr als zehn Jahre Beobachtungen an sich selbst und an seiner Frau? Ist es so wie bei des Kaisers neuen Kleidern, wo nur ein unbedarftes Kind sich getraute, die Wahrheit zu sagen?

Diskussion

Die Natur kennt weder Null noch 100 Prozent. So ist es auch hier. Auch wenn in der Phase LLD seronegativ die Regel sein mag und nicht die Ausnahme, so wird es umgekehrt auch wieder Ausnahmen geben. Sei es durch individuelle Veranlagung oder durch Auffrischungsimpfungen. Solche "Auffrischungsimpfungen" können auch erneute Zeckenstiche sein oder eine geplatzte Bakerzyste mit borreliösem Inhalt.

Schlussfolgerungen:

1. Die autogene Desensibilisierung muss Anerkennung finden, in dessen Folge der Zustand der späten Lyme LLD immer seronegativ wird.

2. Zumindest in diesem Stadium, wenn nicht generell, muss der indirekte Test über die Immunantwort durch den PCR Test ersetzt werden. Nur das unterscheidet die aktive Borreliose von einer vergangenen (Serumnarbe).

3. Der seronegative Zustand ist unbedingt zu vermeiden, weil sonst die Borrelien aus tiefen Schichten zurückkommen können, keine Abwehr vorfinden und sich neu verbreiten. Das geht nur durch regelmäßige und **rechtzeitige** Auffrischungsimpfungen. Ein Impfstoff, so er denn kommt, sollte nicht nur für vorsichtige Naturliebhaber sein, sondern noch mehr für bereits infizierte Lyme-Patienten. Das macht den Markt für das Produkt größer und zuverlässiger. Potenziellen Herstellern sollte man das unbedingt wissen lassen. Die Erfahrungen mit der Desensibilisierung bei Allergien lassen befürchten, dass selbst eine massive Attacke wie eine Impfung nicht mehr beantwortet wird, wenn sie zu spät erfolgt.

4. Erst bei wieder hergestelltem hohen Titer macht eine aufwendige antibiotische Behandlung einer Neuroborreliose Sinn, weil erst dann ein Rezidiv verhindert wird, bei dem Borrelien aus anderen Regionen des Körpers nicht mehr nachkommen können.

5. Physikalischen Alternativen zur Bekämpfung von Borrelien sollten verstärkt Aufmerksamkeit finden. Ultraschall mit überlagerten Wellen (Interferenzen) und Lambda-Werten zwischen 0,2 bis 0,4 der Länge einer Borrelie wird als aussichtsreich gesehen für

tief liegende Borrelien, dorthin, wo Antibiotika nicht hinkommen können. Hoffentlich fühlt sich Jemand dazu angeregt, dies zu erproben und zur Praxisreife zu entwickeln.

Der Autor aus Roßleben ist Anwendungstechniker und selbst betroffen. „Mir wäre es auch lieber gewesen, ein Infektiologe wäre auf die Erkenntnis mit der autogenen Desensibilisierung gekommen oder zumindest ein Schwergewicht unserer Borreliose-Ärzte. Ich war selber Zeit meines Berufes forschungsnah tätig, hatte Veröffentlichungen und Patente und ich sage das nur deshalb, weil ich weiß, wie Fachkollegen auf Neuheiten reagieren. Besonders gern kann man das abtun, wenn es von Quer kommt. Diese neue Betrachtungsweise würde viele Dinge anders aussehen lassen bis zu ablehnenden Gutachten, nur weil der Antikörpertiter es nicht hergibt. Mit Sicherheit wird es Streit geben. Das ist so gewollt".

Lassen sich Borrelien mechanisch bekämpfen?

Eine etwas andere Betrachtungsweise
von Reiner Müller

Die Borreliose hat viele Gesichter und Phasen. Trotzdem beschränken sich die Mediziner in der Regel auf die Anwendung von Antibiotika, auch in der späten Phase Late Lyme Disease (LLD). Seit Jahrhunderten predigen die Kräuterheiler den Satz: "gegen jede

Krankheit ist ein Kraut gewachsen" und die klassischen Mediziner denken heute sinngemäß, nur ersetzen sie Kraut mit Antibiotikum. Das ist vielfach sogar richtig, nur "jede Krankheit" gilt leider nicht. Gegen viele Krankheiten, die chronisch sind, helfen leider Kräuter nicht und Antibiotika auch nicht. So scheint es auch mit der letzten Phase LLD der Lyme zu sein. Wenig Beachtung finden mechanische Verfahren in der Medizin, wenn man von Wärme, Kälte als Bäder, von Massage und Sport mal absieht. Solche Anwendungen werden in der Regel nur unterstützend eingesetzt.

Zerkleinerung

Als Aufbereiter/Verfahrenstechniker, zu dessen Aufgaben die Zerkleinerung gehört, frage ich mich, wie man so ein fragiles dünnes Wesen, wie es eine Spirochäte ist, mechanisch zerstören könnte. Ist das sein Schwachpunkt? Dazu müsste man Scherkräfte ansetzen, die die langfädige Borrelie zerreißt. Ultraschall mit Wellenlängen von 0,2 bis 0,5 der Länge der Borrelien könnte das bewirken. In der Stoßwellentherapie gibt es ähnliches. Doch anders will man dort mit einem Impuls etwas zerkleinern und fokussiert beispielsweise auf einen Nierenstein oder Gewebe.

Auch örtliche Erhitzung oder Massagewirkung kann das Ziel sein. Hier wäre aber das Ziel, ein Interferenzfeld zu erzeugen mit passenden Abständen zwischen Auslöschung und maximaler Verstärkung und den Scherkräften dazwischen, nicht als Puls, sondern eine gewisse Dauer anhaltend. Je härter das Medium, desto besser ist die Schallausbreitung. Wenn es klappt, könnte man endlich in die harte Knorpelsubstanz vordringen und zumindest manch „arthritisches" Knie oder befallene Bandscheiben sanieren.

Zwei Schallköpfe mit gleicher Frequenz, am wirkungsvollsten unter Wasser in verschiedener Richtung, erzeugen Interferenzen. Interferenzen entstehen durch Überlagerungen bei allen Arten von Wellen von Wasser, Schall, Licht, Strom bis Röntgenstrahlen. Auf der Suche danach, ob es das schon mal in der Medizin gegeben hat, fand ich den Österreicher Nemec, der es bereits 1940 versuchte, mit Strom für andere Syndrome. Ausgerechnet Strom bietet schon von der Überlegung her die geringste Aussicht und so ist es dementsprechend still darum geworden.

Das „Aber" kommt sofort: Was passiert mit der DNS der Zelle, die würde auch zerrissen. Stimmt, nur ist der Zellkern circa alle sieben Jahre nur einmal entfaltet und wäre der Kollateralschaden, den die „Müllabfuhr" des Immunsystems beherrscht. Anders ist das schon bei Krebszellen, die sehr viel häufiger in diesem Zustand sind und das wäre gar nicht so schlecht und ein anderes Thema. Auch für Viren, die sich nahezu ständig in Teilung befinden, könnte die Interferenztechnik interessant sein, allerdings wegen der geringen Größe müsste man schon in den Bereich der extrem kurzwelligen Röntgenstrahlen gehen und wegen der Nebenwirkungen davor scheuen.

Für Schall stehen die Gerätschaften im Prinzip schon zur Verfügung, Man muss sie anpassen und am besten auch noch tauglich für Unterwasser machen. Mit Ultraschall hat man auch schon versucht, schmerzende Gelenke zu behandeln und auch gezielt Überlebensformen und Biofilm-Cluster von Bakterien zu zerstreuen, um sie dem Immunsystem oder einem Antibiotikum zugänglich zu machen. Das Interferenzfeld aber könnte die Borrelien direkt zerstören ohne Gewebeschäden.

Die Anwendung von Ultraschall in der Medizin kennt man im Allgemeinen als schonend, aber je nach Intensität auch als zerstörend, selbst auf Zellwände. Man müsste sich vorsichtig an Frequenz und Stärke herantasten und beispielsweise Zecke plus Inhalt bearbeiten. Ziel: Borrelien werden zerstört, Zecke bleibt wohlauf. Im Nachhinein kann man dann mittels PCR und Mikroskopie feststellen, ob es in der Zecke Borrelien gab und ob sie noch leben.

Bevor die Medizin den Ultraschall zur Diagnostik hoch entwickelte, gab es Versuche zu Therapien mit wenig oder keinem Erfolg. Bei Borrelien einerseits und Interferenz speziell könnte das anders sein. Ein Lambda zwischen 0,5 und 0,2 der Länge einer Borrelie sollte das Ziel sein.

Hitze

Die Vernichtung der Borrelien durch **Thermoverfahren** ist in der Diskussion. Man bedenke, wie widerstandsfähig Borrelien ansonsten in dieser Hinsicht sind. Von minus zehn Grad im Winter und kälter bis zu hohen Temperaturen auf den Grasspitzen bei Sonne machen sie mit samt ihrer Zecke alles mit. In vitro hat man wohl gefunden, dass Borrelien bei 41 Grad und 24

Stunden absterben. Welcher Patient soll das über 24 Stunden aushalten? Was den Einzeller Borrelie schädigt oder zerstört, macht dies auch mit den Zellen des Körpers, wie man vom Fieber weiß. Wogegen die Zecken unstrittig empfindlich sind, das ist **Austrocknung**. Es gibt keine Zecken in solchen zeitweilig trockenen und heißen Gebieten wie Israel und Südspanien. Wenn sie auch lange auf Blut-Nahrung verzichten können, das Hauptnahrungsmittel Wasser brauchen sie jedenfalls und zeitweilige Hitze weit über 40 Grad überstehen sie auch nicht. Mehrere Kliniken und Institute bieten die Hyperthermie*, teilweise auch in Verbindung mit Sauerstoff, an. Man kann gespannt sein und hoffen, dass Patienten darüber berichten und nicht nur deren Therapeuten.

*Anmerkung der Herausgeber: Bis Redaktionsschluss waren keine Patienten bekannt, die sich damit gesundet fühlten.

Sehr hohe Temperaturen vertragen die Zecken mit Sicherheit nicht: das **Feuer**. Haben wir bis vor 30 Jahren noch trockenes Gras und darin hochstehende Unkräuter abgebrannt, so haben einige grüne gut meinende Aktivisten uns von dieser „Unsitte" geheilt. Sie reklamieren für sich, dass sie allein wissen, was für die Umwelt gut sei. An den ersten warmen Frühlingstagen sitzen die Zecken auf den höchsten Spitzen und verbrannten. Gut gemeint ist nicht immer gut gemacht, zumal wenn man solche Dinge nicht bis zum Ende sieht. Anders gesagt, wir schützen auch die Zecken auf unseren Wiesen, genau wie diese lästigen Grasmilben und es werden immer mehr. Zunehmende Populationen Füchse und Waschbären sowie unsere streunenden Miezen tun das Ihre und schaffen zusätzlich immer neue Zecken aus Wald und Flur heran, teils selbst, teils stolz mit ihrer Mäusebeute.

Übrigens sollen Borrelien schwer zu züchten sein. Die Zecken tun das für unsere Labore und deren Versuche umsonst. Bei Bedarf muss man nur einen Jäger fragen. Er liefert Dutzende Zecken ohne große Mühe vom geschossenen Wild.

Von Einstein stammt der Spruch: „Wenn eine Idee am Anfang nicht absurd klingt, dann gibt es keine Hoffnung für sie." Bleibt zu hoffen, dass sich jemand angeregt fühlt und diese erst einmal absurd anmutende Idee mit den Ultraschall–Interferenzen testet und zur Therapie entwickelt.

Die unheimliche Krankheit namens X

Im 14. Jahrhundert forderte die Pest in Europa 25 Millionen Tote. 20 Millionen Tote kostete die Spanische Grippe zwischen 1918 und 1920. Die WHO schließt nicht aus, dass sich solche Seuchenzüge wiederholen könnten. Schon jetzt versagen viele bekannte Antibiotika bei Keimen. Schon jetzt gibt es sogenannte resistente Erreger. Nach einer Studie des Europäischen Zentrums für die Prävention und Kontrolle von Krankheiten (ECDC) erlitten 2015 allein im EU-Raum mehr als 670.000 Menschen eine Infektion mit antibiotikaresistenten Keimen; 30.000 starben.

Bei der WHO existiert seit 2015 eine Liste mit den derzeit acht Krankheiten, die das Potenzial haben, eine weltweite Seuche auszulösen. www.globalbiodefense.com/2018/02/12/who-updates-blueprint-list-of-priority-diseases/. Als neunte Gefahr steht da eine Krankheit namens X. Sie steht stellvertretend für einen noch unbekannten Erreger, der urplötzlich für den Menschen infektiös werden könnte. Tatsächlich arbeiten bereits weltweit Experten, um Tests zu entwickeln, mit denen neue Krankheiten zu entdecken sind, bevor die ersten Symptome auftauchen. Quelle: www.benefit-online.de

Lebensstil überwindet die Macht der Gene

Schutz vor Alzheimer und Demenz

Wer sich gesund ernährt, viel Sport treibt und zeitlebens seine Hirnzellen durch geistig anspruchsvolle und soziale Aktivitäten (zum Beispiel ehrenamtliche Tätigkeiten) auf Trab hält, erkrankt seltener an Alzheimer und Demenz – so viel ist inzwischen aus epidemiologischen Studien klar geworden. Strittig ist jedoch, wie groß die jeweiligen Effekte sind und wem ein gesunder Lebensstil am meisten nützt.

Drei aktuelle Publikationen versuchten hier etwas mehr Klarheit zu schaffen. Britische Forscher um Ilianna Lourida von der Universität in Exeter fanden heraus, dass der Lebensstil auch dann relevant ist, wenn ein relativ hohes genetisches Erkrankungsrisiko besteht. Die Genetik bestimmt rund die Hälfte bis zwei Drittel des

Demenzrisikos, und an den Genen lässt sich (noch) nichts ändern. Doch ein gesunder Lebensstil kann ihren Resultaten zufolge ein genetisch erhöhtes Demenzrisiko abschwächen, berichtete der Autor Thomas Müller im Neurologie-Update von Springer-Medizin im Juli 2019.

Drei Studien bekräftigen, dass ein gesunder Lebensstil, viel Bewegung und eine große kognitive Reserve eine gewisse Kontrolle über das Demenzrisiko bringt, gerade auch, wenn man genetisch vordisponiert ist. Dazu wurden knapp 200.000 Teilnehmer befragt. Alle waren zu Beginn der Studie über 60 Jahre alt und frei von kognitiven Beeinträchtigungen. Von allen Teilnehmern lagen Genanalysen vor, aus denen die Forscher ein polygenetisches Risiko für eine Demenz errechnen konnten. 20 Prozent hatten danach ein niedriges Demenzrisiko, 40 Prozent ein moderates und 20 Prozent ein hohes genetisch bedingtes Demenzrisiko.

Im Laufe von acht Jahren war die Demenzinzidenz unter Personen mit hohem genetischen Risiko etwa doppelt so hoch wie bei solchen mit niedrigem Risiko. Zugleich schauten sich die Forscher den Lebensstil der Teilnehmer an. Aus den Faktoren Rauchen, körperliche Aktivität, Ernährung und Alkohol bastelten sie den sogenannten „Healthy Lifestyle-Score" als Maßeinheit, um die Teilnehmer in ihrem Lebensstil bewerten zu können. Danach lebten zwei Drittel recht gesund, ein Viertel mäßig gesund und die übrigen acht Prozent ziemlich ungesund. Unter den „ziemlich ungesund" Lebenden war die Demenzrate um rund 35 Prozent höher als unter denjenigen mit gesundem Lebensstil.

Schützen Entzündungshemmer vor Alzheimer?

Viele chronische Borreliosepatienten schlucken im Laufe ihrer Erkrankung manchmal regelmäßig sogenannte NSAID, (non-steroidal antiinflammatory drugs), das sind Entzündungshemmer, die nicht auf der Basis von Kortison wirken. Beispiel: Ibuprofen, Diclophenac, Aspirin. Eine Forschergruppe der XinXiang Medical University sowie den neurologischen Abteilungen dreier Kliniken in China untersuchte 121 Studien zwischen 1995 und 2016 mit insgesamt 236.022 Teilnehmern und ermittelte, dass deren Alzheimer-Risiko klar verringert sei, wenn sie zur Behandlung von Erkrankungen im früheren Leben antientzündliche Mittel dieser Art eingenommen hatten. Die Risikorate, an Alzheimer zu erkranken, sei bei diesen Menschen um 20 Prozent reduziert. Ob so eine Behandlung vorbeugend einsetzbar sind, vor allem welche Medikamente und welche Dosierungen den gewünschten Effekt bringen, müssen noch neue Studien ermitteln. Auf alle Fälle minimiert dieses Studienergebnis einem Teil der Borreliosepatienten die Angst, sich mit diesen, als Schmerzmittel eingesetzten Medikamenten, dauerhaft geschadet zu haben. Quelle: Deutsches Gesundheits-Portal.de

FHR1 macht alles schlimmer

Körpereigenes Protein löst zusätzliche Entzündungsreaktion aus

Langanhaltende Entzündungen sind Begleiterscheinungen vieler Krankheiten, besonders bei Infektionen mit Bakterien, Pilzen und Viren. Eigentlich dienen sie dazu, die Vermehrung von Erregern durch eine Temperaturerhöhung zu bremsen und Bestandteile des Immunsystems zu aktivieren, die den Heilungsprozess unterstützen. Bei chronischen Erkrankungen tritt diese Entzündungsreaktion allerdings nicht in den Heilungsprozess über. Der Krankheitsprozess kann sich mit schubweisen Beschwerden wir Fieber, Schmerzen und Müdigkeit noch verstärken.

Ein von Jenaer Wissenschaftlern geleiteten Forschungsteam hat nun ein Eiweiß identifiziert, das für diese Reaktionen verantwortlich sind. Das körpereigene Protein FHR1 bindet an absterbende Zellen und setzt eine krankheitsverstärkende Entzündungsreaktion in Gang. Dabei kommt es zu einer systemischen Schädigung der kleinen und mittleren Gefäße, häufig durch Einlagerung weiterer Substanzen in den Blutgefäßen, die dann die Blutzirkulation behindern. Die Ergebnisse dieser Studie decken sich mit der Beobachtung, dass ein Mangel an FHR1 vor bestimmten Krankheiten schützt.

Sie könnten ein erfolgversprechendes Ziel für Medikamente sein, um Entzündungsreaktionen im Körper zurückzufahren. Antikörper, die FHR1 hemmen, wurden bereits erfolgreich in vitro (außerhalb eines lebenden Organismus) getestet.

Originalpublikation: Irmscher S, Brix SR, Zipfel SLH, Halder LD, Mutlutürk S, Wulf S, Girdauskas E, Reichenspurner H, Stahl RAK, Jungnickel B, Wiech T, Zipfel PF, Skerka C (2019) Serum FHR1 binding to necrotic-type cells activates monocytic inflammasome and marks necrotic sites in vasculopathies. Nat Commun 10, 2961.doi: 10.1038/s41467-019-10766-0.t

Mastzellen an der Abwehr von Krankheitserregern beteiligt?

Forschende der Charité–Universitätsmedizin Berlin entdeckten einen körpereigenen Abwehrmechanismus, mit dem die Haut Bakterien aktiv abtötet. Wird verletzte Haut von Bakterien oder anderen Krankheitserregern besiedelt, kann es zu schweren Entzündungen kommen. Die steigende Zahl von Bakterien, die gegen Antibiotika Resistenzen entwickelt haben, schränkt die Therapiemöglichkeiten deutlich ein. Die Forscher gingen daher der Annahme nach, dass Mastzellen beteiligt sein könnten, Erregern auf der verletzten Haus abzuwehren. Mastzellen sind für ihre zentrale Rolle bei Allergien bekannt. Sie konnten beobachten, dass die Zahl der Bakterien fünf Tage nach der Infektion um das 20-fache höher lag, wenn die Mastzellen fehlten. Infolgedessen dauerte es mehrere Tage länger, bis sich die infizierte Wunde vollständig schloss. Mastzellen sind Zellen der körpereigenen Abwehr gegen Bakterien und Mikroben. Sie kommen im gesamten Körper vor, vorwiegend in Schleimhäuten wie im Darm, in den Atemwegen, in der Lederhaut, in der Nähe von Gefäßen und Nerven. Eine Überaktivität von Mastzellen hingegen führt zur sogenannten Mastozytose. Krankhaft wird es, wenn Mastzellen auch ohne Entzündung aktiv werden. Quelle: aerzteblatt.de

Borreliose bei Frauen anders?

Betrifft Lyme-Borreliose, unter Berücksichtigung der individuellen Diskrepanzen der Patienten, Frauen anders als Männer? Eine kürzlich durchgeführte Studie legt nahe, dass dies der Fall ist. Nach einer zwischen 1998 und 2015 durchgeführten Studie an Patienten in England und Wales sind chronische Lyme-Patienten überwiegend weiblich und älter. Von über 2.300 untersuchten Patienten waren 60 Prozent Frauen und Mädchen. Eine Erklärung dafür könnte sein, dass Frauen eher ärztlichen Rat einholen als Männer. Doch es gab schon frühere Studien; zum Beispiel eine im Jahr 2012 aus Atlanta, wonach Frauen bei einer Lyme-Borreliose mehr klinische Symptome aufwiesen als Männer und dabei seltener eine sogenannte Serokonvertierung aufwiesen; gemeint ist die Zeit, in der das Immunsystem Antikörper entwickelt. Signifikant mehr Frauen als Männer berichteten über Muskelschmerzen, Gelenkschmerzen, Kopfschmerzen, Taubheitsgefühle, Angstzustände und eine Vielzahl weiterer Symptome. Diese Ergebnisse lassen darauf schließen, dass es einen Unterschied gibt, wie Männer und Frauen auf eine Borrelien-Infektion reagieren. Doch noch ist alles blanke Theorie ohne Studienbeweise.

Eine spezielle Studie vor zehn Jahren untersuchte die Auswirkungen der chronischen Borreliose auf die Geschlechter. Sie ergab, dass Männer zwar häufiger an Lyme-Borreliose leiden, Frauen jedoch häufiger an Symptomen, die als Fibromyalgie und chronisches Müdigkeitssyndrom (Fatigue) beschrieben werden.

Spätestens hier ist zu erkennen, dass Lyme-Borreliose kein einheitlicher Krankenzustand ist. Noch sind die meisten Ärzte nicht in der Lage, Lyme-Borreliose zu diagnostizieren. Nur wenige Fachlabore wissen die Parameter einzuordnen und krankheitsbeweisende Befunde zu erheben. Quelle: BCA-Clinic

Borrelien-Antikörper beim alten Menschen

Das Vorhandensein von Borrelien-Antikörpern bei älteren Patienten zeigt kein Risiko für neuropsychiatrische Erkrankungen an. Das ist das Ergebnis einer Studie über sechs Jahre am Französischen Forschungszentrum Institut national de la santé et de la recherche médicale (INSERM) in Bordeaux. Untersucht wurden knapp 700 Landwirte, die durchschnittlich 76 Jahre alt waren und sich im Ruhestand befanden. 6,5 Prozent wiesen IgG-Antikörper gegen Borrelien auf. Untersucht werden sollte ein möglicher Zusammenhang zwischen der bekannten Zunahme neuropsychiatrischer Störungen im Alter und der höheren Seroprävalenz von Borrelien-Antikörpern. Dieser konnte nicht festgestellt werden. Einschränkend muss jedoch bedacht werden, dass keine Informationen existierten, ob sich bei den Probanden eine Lyme-Borreliose manifestiert hatte, ob ein Zeitpunkt der Exposition bekannt war und ob jene Patienten eine antibiotische Behandlung erfahren hatten.

Ein Impfstoff gegen die Zecke selbst?

Braunschweiger Forscher haben sich ein hohes Ziel gesetzt, über das noch nie diskutiert wurde. Sie entwickeln einen Impfstoff; nicht ausschließlich gegen bestimmte Zeckeninfektionen, wie es zum Beispiel bereits die FSME-Impfung gibt, sondern gegen Zecken generell. Damit soll die Zecke bereits zu Beginn ihrer Stecharbeit abgestoßen werden, bevor sie auch nur einen Krankheitserreger übertragen kann. Die Gruppe um **Prof. Michael Hust** zielt darauf, das Zeitfenster zwischen dem Andocken der Zecke und der Erreger-Übertragung zu nützen, in dem bestimmte Proteine des Zeckenspeichels zum Beispiel die Blutgerinnung des Wirts verhindern oder den Juckreiz an der Stichstelle. Dazu soll der Impfstoff zu einer Immunantwort führen, um diese Proteine im Zeckenspeichel zu erkennen und zu neutralisieren. Als Denkfehler in der Verlautbarung des Forscherteams fällt jedoch auf, dass es davon auszugehen scheint, dass 24 bis 36 Stunden vergehen würden, bis die Zecke zum Saugen kommt. Wir wissen aber, dass speziell FSME-Viren direkt im Stechapparat der Zecke parat liegen und mit dem Stich sofort übertragen werden können.

Quelle: https://regionalhelmstedt.de/braunschweiger-forscher-erforschen-impfstoff-gegen-zecken/

Morgellons-Konferenz

Am 12. Oktober 2019 fand die zweite Europäische Morgellons-Konferenz in Augsburg statt. Das ist nicht selbstverständlich. Weltweit behaupten Ärzte noch immer, die aus Haut und Organen wachsenden Fasern seien von den Patienten selbst eingebracht. Man spricht teilweise von einer Wahnkrankheit. Morgellonen lassen sich aus der Haut ziehen oder liegen unter der Haut, ohne dass eine Verletzung oder Öffnung zu sehen ist.

v.l. Dr. Carsten Nicolaus, Augsburg, Petra Brendler, Prof. Carlo Maria Mortellaro, Mailand, Melissa Fesler, Mikrobiologin, San Francisco, Dr. Loris de Vecchis, Mailand.

Eine Studie im Mai 2019 von Middelveen, Filush, Bandowski, Kasiwala, Melillo, Stricker und Sapi ergab die Erkenntnis über gemischte Infektionen von Borrelia burgdorferi und dem Magenkeim Helicobacter pylori bei Morgellons-Patienten. Die Forscher hatten an diesen Patienten ausnahmslos auch eine Lyme-Borreliose diagnostizieren können. Kontakt zur deutschsprachigen Selbsthilfegruppe für Morgellons-Betroffene: Petra Hahn, Telefon 09122-8079642. E-Mail: petra.brendler@googlemail.com

Braunschweig forscht

Dem langjährigen Borreliose-Patienten ringt diese Nachricht nur ein Schulterzucken ab. Die TU Braunschweig will erforschen, wie das Endothel mit eindringenden Erregern von Borrelia burgdorferi interagiert. Das Endothel ist eine hochdynamische Zellschicht, die alle Blutgefäße und Lymphknoten im Körper auskleidet. Eine solche Endothelzellschicht kann in, mit mikrotechnischen Methoden hergestellten, Geräten kultiviert werden und dann als Mikrochip physiologische Bedingungen nachahmen. Das erspare Tierversuche.

Projektleiterin **Prof. Dr. Andria Constantinou** prognostiziert, mit diesen Untersuchungen vielversprechende Medikamente identifizieren zu können. 514.200 Euro sponsert dazu die Volkswagen-Stiftung im Rahmen der Förderinitiative „Kurswechsel – Forschungsneuland zwischen den Lebenswissenschaften und Natur- und Technikwissenschaften für drei Jahre. Zwei Doktoranden dürfen davon zu Forschungsaufenthalten in die USA reisen und nach neuer Expertise suchen. Nicht neu ist, dass man mittels Mikrochip Borrelia Burgdorferi auf die Spur kommen möchte. Der diagnostische Einsatz wurde bereits 2017 auf einer Fortbildung der BCA-Clinic Augsburg vorgestellt.

North Tick – Zeckenforschung im Nordseeraum

„Obwohl Wissenschaftler und Ärzte bereits zahlreiche Erkenntnisse über Zecken und die durch sie übertragenen Krankheiten gesammelt haben, sei ein Großteil der Bevölkerung bislang nicht ausreichend oder nur ungenau über diese Themen informiert", verlautbarte **Christina Strube**, Leiterin des Instituts für Parasitologie der Stiftung Tierärztliche Hochschule Hannover gegenüber dem Deutschen Ärzteblatt. Da kann unsereins nur mit den Schultern zucken. Speziell aus dem Bundesland Niedersachsen kommen seit vielen Jahren Abwimmelungen, wenn es um Borreliose und FSME geht. Legendär eine Entschließung des Landtags aus dem Jahr 2005, in dem die jetzige EU-Präsidentin **Ursula von der Leyen** – damals Sozialministerin – ihre Kolleginnen um „Zurückhaltung bei Borreliose" bat, weil dies ja nicht von Mensch zu Mensch übertragbar sei. Aus dieser Riege ist noch heute **Meta Janssen-Kucz** als Sprecherin für Gesundheit und anderes tätig. Keine Stellungnahme von ihr, dass im Jahr 2018 nahezu 104.000 Personen mit Borreliose behandelt wurden.

Nun also ein EU-Projekt namens North Tick. 5,7 Millionen Euro spuckt die EU dafür aus, um ein länderübergreifenden Forschungsprojekt rund um die Nordsee mitzufinanzieren. Dreieinhalb Jahre lang wollen sich die Anrainerstaaten Schweden, Dänemark, Norwegen, Großbritannien, Belgien, Niederlande und Deutschland als Kompetenznetz schlau machen, wie groß das Risiko einer Gesundheitsgefährdung durch Zecken sei. Und dann ausgerechnet **Schweden**, wo ein Arzt seine Zulassung verliert, wenn er über die üblichen zwei Wochen Doxycyclin hinaus behandelt. Siehe Dr. Keneth Sandström, Borreliose Wissen Nr. 40.

In ihrer Auftaktveranstaltung vom 14. bis 25. Oktober in Schweden (Ort geheim) heißt es: „Plötzlich seien Zecken die wichtigsten Überträger von Krankheiten in Nordeuropa. In den letzten Jahrzehnten hätten Zecken vermehrt zugenommen und sich in neuen Gebieten ausgebreitet. Die Zahl der Menschen und Tiere, die von durch Zecken übertragenen Krankheiten betroffen seien, steige. Es sei eine Herausforderung für Gesundheitsdienste und Behörden, über die optimalen Strategien zur Vorbeugung und Behandlung von Borreliose-Infektionen und FSME auf dem Laufenden zu bleiben."

Aus dem Sozialministerium Niedersachsen indes folgt nichts. Eine Meldepflicht für Borreliose als ersten logischen Schritt, um Transparenz zu schaffen, wird weiterhin abgelehnt. Im Zweifelsfall wird dieses Projekt, wie so viele davor, eine reine, von der EU finanzierte Beschäftigungsmaßnahme für einige in der Forschung Tätige. Hauptsache, das Kind hat einen Namen.

Frankreich update

Im vorausgegangenen Jahrbuch berichteten wir über die H.A.S.-Leitlinie in Frankreich. H.A.S. ist die Abkürzung der Hohen Behörde für Gesundheit in Frankreich. Im Juli 2018 wirkte **Prof. Dr. Christian Perronne** mit, dass mit jener Leitlinie ein Kranz von Empfehlungen für die Behandlung von Borreliose-Patienten als Kompromiss für mehr Behandlungsfreiheit der Ärzte geschaffen wurde. Glücklich ist damit zwar niemand geworden. Aber es tut sich wieder etwas in Frankreich. Die bereits vor Jahren gegründete Patientenorganisation Lyme Sans Frontiers (LSF) hat sich nach Zerrüttungen wieder neu zusammenkonstituiert und fand in dem deutschen Unternehmer Günter Spill aus Kehl am Rhein einen Verbündeten. Auf Spills Intension wurde als erstes das Buch $Lyme von Jenna Luché-Thayer ins Französische übersetzt. Es gibt es bereits als deutsche Übersetzung, herausgegeben vom Borreliose und FSME Bund Deutschland. Hier eine Kurzrezension:

Borreliose und der Schleim der Welt

Dass zwei große Lobbymächte in Deutschland und Europa die Lyme-Borreliose verharmlosen und dafür sorgen, dass Patienten mit lukrativen Medikamenten vollgestopft werden, die eher schaden als nützen, dass Ärzte bestraft werden, die ihre Patienten verantwortlich behandeln, dass sich Politiker schmieren lassen, Krankenkassen Zahlen verheimlichen – kurz, dass Korruption im Gesundheitswesen herrscht, das wissen wir schon lange. **Jenna Luché-Thayer**, Initiatorin des Ad-Hoc-Komitees, die bei der WHO mit Erfolg vorgetragen und mit ihrem Team erreicht hat, dass künftig Lyme-Borreliose nach ihren unterschiedlichen Symptomen in elf Codierungen unterteilt wird, stellte im vergangenen November ihr Buch $Lyme in Dublin vor. Inzwischen ist es von Dr. Astrid Breinlinger (BFBD-Vorsitzende) und Christopher Brandt (SHG Würzburg) ins Deutsche übersetzt. Zu den überarbeiteten Codes gehören nun auch Demenz und Demyelinisierung (unter anderem wie bei Multiple Sklerose) des zentralen Nervensystems auf Grund der Lyme-Borreliose. Vor allem definierte Jenna wie an Patienten und Ärzten Menschenrechtsverletzungen begangen werden und entlarvt Ärzte und Wissenschaftler der Korruption, die in der AWMF-Leitlinie Neuroborreliose als Experten benannt sind. Ja, auch ein paar deutsche Ärzte kommen darin vor. Ein Buch, das man in einem Schlupf liest, weil alles, was darin beschrieben ist, wie Schleim **aneinander hängt. Schleim, der Borreliose vertuschen will** zum finanziellen Vorteil der Akteure. $Lyme, Jenna Luché-Thayer, Verlag Tredition, 200 Seiten, 13,99 €, ISBN 978-3-7482-6553-5.

Für die französische Ausgabe schrieb Prof. Perronne folgendes Vorwort: (Übersetzung bearbeitet von Ute Fischer)

Jenna Luché-Thayer ist eine außergewöhnliche Frau, Amerikanerin mit fernöstlicher französischer Herkunft, wie ihr Name schon sagt, aber vor allem eine galaktische Heldin, wie ihre außergewöhnliche Karriere zeigt.

Jenna wurde in Französisch-Indochina, in einem kleinen Dorf nördlich von Saigon, geboren, noch bevor die Amerikaner in den Vietnamkrieg eintraten. Ihre Eltern arbeiteten ehrenamtlich an der Entwicklung landwirtschaftlicher Projekte in ländlichen Gemeinden. Jenna wuchs in Südostasien und Westafrika auf, daher beherrscht sie die französische Sprache brillant. Von ihren Eltern lernte sie, sich uneigennützig für andere einzusetzen.

Seit ihrer Kindheit arbeitete Jenna als Ehrenamtliche; zunächst mit Kindern in einem Leprazentrum in Thailand, dem McKean Leprakrankenhaus in der Nähe von Chang Mai. Sie kümmerte sich auch um die Kinder auf dem Dorfgelände. Nach der Dürre und Hungersnot in der Sahel-Zone litten die Einwohner an lang anhaltender Nahrungsnot. Jenna ging nach Burkina Faso, um Lebensmittel für unterernährte Kinder zu verteilen. Anschließend arbeitete sie ehrenamtlich im Friedenskorps in einer abgelegenen Gemeinde des tunesischen Atlasgebirges.

Nach ihrem guten und loyalen Dienst im Friedenskorps wurde Jenna in die Position als Senior Advisor der US-Regierung befördert. Jenna nahm sich des Problems der häuslichen Gewalt als Menschenrechtsverletzung an. Sie setzte sich für internationales Engagement im Kampf gegen den Frauen-. und Kinderhandel ein. All diese exemplarischen Aktionen führten mit ihren Berichten zu einer weltweiten Dokumentation über Verletzung der Menschenrechte durch häusliche Gewalt, Menschenhandel und geschlechtsspezifische Gewalt. Als erste Frau wurde Jenna zur Senior Technical Advisor für den Capital Development Fund der Vereinten Nationen ernannt. Diese Agentur der Vereinten Nationen (UN) wurde gegründet, um den am stärksten marginalisierten Bevölkerungsgruppen in den ärmsten Ländern der Welt zu helfen.

Im Laufe der Jahre traf Jenna immer mehr Patienten mit der chronischen Form der Borreliose, eine Infektionskrankheit, die durch Zeckenstiche übertragen und durch Bakterienarten der Gattung Borrelien verursacht wird. Viele dieser Patienten befinden sich dauerhaft in tiefem Leid, verzweifelt, weil sie von der medizinischen Fachwelt abgelehnt und so gewaltsam in eine Jahre und Jahrzehnte lange Odyssee gestürzt werden. Borreliose führt zu Schmerzen. Die Patienten sind oft geschwächt, manchmal auch gelähmt. Sie erdulden Ausgrenzung am Arbeitsplatz, Ablehnung durch Familie und Freunde, sogar Desozialisierung. Nicht selten gleicht der Kampf gegen die Krankheit mit einem langsamen Sterben, das mit Selbstmord endet.

Eine der Hauptursachen für die Nicht-Behandlung von Patienten ist die mangelnde Entwicklung zuverlässiger diagnostischer Tests. Es mangelt auch an der Bereitschaft der sogenannten „Experten", die wenigen diagnostizierten Patienten länger als zwei oder drei Wochen antibiotisch zu behandeln. Mit dieser Beschränkung versucht man Fachgesellschaften auf der ganzen Welt zu beeinflussen, obwohl sich mit längerer Behandlung Patienten heilen oder zumindest ihre Lebensqualität verbessern ließe.

Durch ihre Erfahrung in vielen ländlichen Gebieten, in der Landwirtschaft Asiens und Afrika, vornehmlich auch bei Ärzten und Tierärzten begriff Jenna jene Art von Verwüstung, die Borrelien und andere Bakterien bei Nutztieren und auch bei Menschen hinterlassen. Sie begriff auch, dass viele Fieber, auch wiederkehrende Fieber durch unterschiedliche Bakterien ausgelöst werden, die durch Zecken und Läuse übertragen werden. Viele wissenschaftliche Publikationen in Afrika zeigen, dass ein sehr hoher Anteil an Fiebern nicht durch Malarias, sondern durch Borrelien ausgelöst wird. Trotzdem wurden keine routinemäßigen diagnostischen Tests entwickelt.

2016 ergriff Jenna die Initiative, Experten aus der ganzen Welt zusammen zu rufen, um die Millionen von Menschen mit chronischer Borreliose und wiederkehrenden Fiebern unter den Schutz der Menschenrechte zu stellen. Die Arbeit der Gruppe führte zu einem ersten Treffen in Genf mit Sonderberichterstattern der Vereinten Nationen (UN). So ist die Menschenrechtsverletzung durch die Leugnung chronischer Formen dieser Krankheiten in die Berichte an die UNO aufgenommen worden. Unter Jennas Leitung trugen diese Maßnahmen dazu bei, dass die Weltgesundheitsorganisation (WHO) 2018 die 11. Ausgabe der Internationalen Klassifikation der Krankheiten (ICD 11) maßgeblich für die Borreliose korrigierte. Dadurch ist es möglich, schwere und potenziell lebensbedrohliche Formen der Lyme-Borreliose spezifiziert zu definieren.

Weltweit existiert das Problem, dass chronische Syndrome der Borreliose anderen Erregern zugeschrieben werden können, solange keine zuverlässigen Diagnosetests existieren. Weltweit existieren Strukturen, die mit einer Art institutioneller Schweigepflicht alles ins Vergessen der Forschung werfen, was dem Patienten nützen könnte.

Jenna ist eine Kämpferin für die schwachen und ausgegrenzten Bevölkerungsgruppen in 42 Ländern der Erde. Mit über 30 Jahren Erfahrung setzt sie sich engagiert und voller Hingabe ein. Sie kennt alle Funktionen, Strukturen und Geheimnisse der internationalen Politik. Sie gilt als qualifizierte und einzigartige Expertin für die entscheidenden Fragen der Transparenz, Rechenschaftspflicht, Überprüfung von Daten und Quellen, Menschenrechte und politische Repräsentation im Zusammenhang mit unterdrückten Gruppen. Ihre Erfahrung umfasst die Zusammenarbeit mit vielen Regierungen, UN-Organisationen, Nichtregierungsorganisationen, Wohltätigkeitsorganisationen und mit der Geschäftswelt. Sie leitete viele internationale multidisziplinäre Teams und ist Autorin von mehr als 75 Publikationen in ihrem Fachgebiet.

Für ihre beispielhaften Aktionen erhielt sie mehrere Auszeichnungen, darunter den International Woman's Day Award for Exemplary Dedication und Contributions to Improving the Political and Legal Status of Women (US Government), den Highest Ranking Technical Area in Accomplishment, Innovation and Comparative Advantage for United Nations Capital Development Fund (UN Capital Development Fund) und den International Lyme and Associated Diseases Society (ILADS) Power of Lyme Award 2018.

Als Jenna mich kontaktierte, um ihrer internationalen Expertengruppe beizutreten, nahm ich mit Freude an. Wir arbeiteten per E-Mail. Ich traf sie 2017 in Genf zum ersten UN-Treffen. Jenna glänzt nicht nur durch großartige Professionalität, sondern ist auch eine sehr freundliche Person von ansteckender Heiterkeit. Wir waren uns schnell sympathisch.

Ihr Buch $Lyme ist eine Zusammenfassung ihrer sorgfältigen Untersuchung, die durch Zeugenaussagen, Hinweise oder Beweise für Fehlinformationsaktionen gespeist wird. Sie beschreibt darin eine relativ kleine Gruppe, die versucht, das Bild der angeblich sehr seltenen und leicht zu behandelnden Lyme-Borreliose rund um die Welt aufrecht zu erhalten. Die Gründe dieser Verharmlosung haben nichts mit Medizin zu tun. Dieses Buch ist nicht dick aber dicht im Inhalt. Es liest sich wie ein Kriminalroman und Sie werden erschauern, wenn Sie eine Welt voller Lügen und Korruption entdecken.

Ich habe mit Freude Jennas Standpunkt zur Situation in Frankreich gelesen, wo es zwar eine deutliche politische Öffnung gab, leider ist der Kampf in unserem schönen Land noch lange nicht gewonnen. Die Opposition ist massiv und teilweise gewalttätig. Das letzte Beispiel ist die vom Gesundheitsministerium vorgeschriebene Bedingung, dass nur fünf Krankenhaus-Referenzzentren für die Versorgung von Lyme-Patienten zuständig seien. Tatsächlich werden diese Zentren von Ärzten betrieben, die öffentlich erklären, dass die Diagnosetests absolut zuverlässig seien und dass sie nicht an die chronische Form der Krankheit glauben. Sie weigern sich sogar, den offiziellen Empfehlungen der Hohen Behörde für Gesundheit (H.A.S.) zu folgen, während all diese Daten in wissenschaftlichen Zeitschriften weitgehend veröffentlicht werden. Das politische Resultat ist, dass Zentren eingerichtet und finanziert wurden, die darauf ausgerichtet sind, Patienten abzulehnen oder in die Psychiatrie zu schicken. Dies ist umso ernster und schockierender, als die offizielle Empfehlung der Hohen Behörde für Gesundheit darin bestand, Vertreter von Lyme-Patienten und Lyme-Ärzten in die Organisation und Überwachung der Zentren einzubeziehen, was nicht geschehen ist. Dies stellt eine schwerwiegende Verletzung der Gesundheitsdemokratie dar, die sich dafür einsetzt, dass die Patienten im Mittelpunkt der Entscheidungsprozesse für alle Krankheiten stehen. (H.A.S.-Leitlinie: Borreliose-Jahrbuch 2018+2019, ISBN 978-3-7481-2023-0)

$Lyme zeigt uns, dass das Problem nicht auf wenige Länder beschränkt ist, sondern einen schrecklichen globalen Skandal darstellt, der alle Kontinente betrifft. Diese Version des Buches auf Französisch wird das Bewusstsein im französischsprachigen Raum für diese Pandemie schärfen. In vielen Ländern werden Verweigerer sehr unbehaglich und sogar aggressiv, weil es einem aufgeklärten Geist nicht entgeht, dass die Wissenschaft auf der

Seite von Ärzten steht, die chronische Borreliose erkennen und täglich behandeln.

Wir müssen die bemerkenswerten Zeichnungen von David Skidmore, dem Autor von The Lyme Loonies, würdigen, der mit einem manchmal kühlen Humor die gnadenlose Welt der Borreliose-Opfer wunderbar beschreibt. Ich danke ihm, dass er mich auf einer seiner Zeichnungen auf dem Eiffelturm festgehalten hat. Ich werde versuchen, nach der weltweiten Anerkennung der Borreliose und anderer Pseudo-Infektionen unbeschadet durchzukommen.

Professor Christian Perronne Leiter der Abteilung für Infektions- und Tropenkrankheiten, Universitätsklinikum Raymond Poincaré, Öffentliche Hilfe - Pariser Krankenhäuser, Universität Versailles - Saint Quentin - Paris Saclay

Medizintourismus

Das, was der Borreliose und FSME Bund Deutschland für Lyme-Borreliose verhindern möchte, erlangt nun (nicht nur) im Rhein-Main-Gebiet einen geplanten Hype. Tatsächlich unter dem Begriff „Medizintourismus" peilt der Verein Medical Network Frankfurt-Rhein-Main an, aus der Rhein-Main-Region einen Medizin-Hot-Spot zu entwickeln. Ihr Vorsitzender Dr. med. Plamen Staikov, Ärztlicher Direktor und Chefarzt der chirurgischen Klinik des Krankenhauses Sachsenhausen berichtet, dass er mit seinem Netzwerk, mit einer fünfsprachigen Internetseite und Flyern für China, Arabische Emirate und Russland ein breites medizinisches und therapeutisches Angebot offeriert. Schon jetzt flössen jedes Jahr eine Viertelmillion Menschen aus 177 Ländern nach Deutschland, um sich medizinische behandeln zu lassen. Das soll sich steigern; deshalb war man dieses Jahr schon unterwegs in Breslau, Dubai, Seoul, Tokio, Osaka, St. Petersburg, Taipeh, Beijing, USA, London und Brüssel. Unter den Repräsentanten anlässlich einer Fachtagung „Medizintourismus" fand sich auch Frau **Prof. Dr. Uta Meyding-Lamadé,** Chefärztin der Neurologischen Klinik am Krankenhaus Nordwest, zu der man mit Neuroborreliose nur als Privatpatient vordringen kann. Vielleicht mal aus Dubai anreisen? www.medical-network-frm.de

Beschiss beim Morbi-RSA Einhalt gebieten

Der Bundesgesundheitsminister hat bis Januar 2020 vor, möglichen Manipulationen bei der Kodierung von Diagnosen einen Riegel vorzuschieben. Rückblende: Jens Baas, Vorstandsvorsitzender der Techniker Krankenkasse, hatte sich an die Öffentlichkeit gewandt und dargestellt, dass Ärzte von Krankenkassen aufgefordert wurden, Diagnosen zu überdenken und gegebenenfalls dahingehend zu ändern, ob sie ins Verzeichnis der 80 Krankheiten des Morbi-RSA (morbiditätsorientierter Risikostrukturausgleich) passen. Für diese Diagnosen gab es aus dem Gesundheitsfonds zusätzliches Geld; für die Krankenkassen und für die Ärzte. Lyme-Borreliose war natürlich nicht dabei; dafür aber etliche Fehldiagnosen wie Depression, Multiple Sklerose, Neuropathie und anderes. Unter diesem Fehlanreiz litten auch Borreliose-Patienten; denn sie waren keine lukrativen Patienten. Es sei denn, sie ließen sich mit Fehldiagnosen abspeisen, deren Therapie aber keine Borreliose heilte.

Das Bundesgesundheitsministerium (BMG) will nun möglichen Manipulationen bei der Kodierung von Diagnosen einen Riegel vorschieben. Insbesondere hohe Steigerungsraten, bei denen anzunehmen sei, dass sie auf Maßnahmen zur Beeinflussung der Kodierung durch die Krankenkassen beruhten, dürften nicht zu einem finanziellen Vorteil für die entsprechende Krankenkasse führen. Daher sollen nun sogenannte hierarchisierte Morbiditätsgruppen (HMGs), die kassenweit eine bestimmte Steigerungsrate überschreiten, bei der Berechnung der Risikozuschläge im Jahresausgleich ausgeschlossen werden. In der Folge erhalten alle Krankenkassen für diese HMGs keine Zuweisungen mehr. Der Anreiz, falsch zu kodieren, entfällt damit. Auch die bisherige Begrenzung des Morbi-RSA auf 80 Krankheiten soll aufgehoben werden. Stattdessen sieht das „Faire-Kassenwahl-Gesetz" ein sogenanntes Vollmodell vor, das das gesamte Krankheitsspektrum berücksichtigt. Dadurch entfiele der Anreiz, aus einer Borreliose etwas anderes zu machen.

Bei Redaktionsschluss existierte zum Gesetzentwurf am 25. März 2019 lediglich eine Fachanhörung am 6. Mai. Bis zum Inkrafttreten des Gesetzes muss es vom Kabinett verabschiedet, zum ersten Durchgang in den Bundesrat und zur ersten Lesung in den Bundestag. Danach muss es eine Anhörung im Bundestag überstehen sowie eine zweite und dritte Lesung im Bundestag. Schließlich muss es der Bundesrat noch bestätigen, bevor es in Kraft treten kann. Schaumermal.

Teure Borreliose interessiert niemanden

Als nicht bemerkenswert darf das Echo deutscher Politiker bezeichnet werden. Am 25. Februar 2019 wandten sich alle drei derzeitigen Borreliose-Patientenorganisationen mit einem gemeinsamen Brief an die gesundheitspolitischen Sprecher der Fraktionen in allen Bundesländern. Mit nachvollziehbaren Zahlen aus renommierten Quellen. Der schwedische Ökonom und unabhängige Forscher Marcus Davidsson errechnete, dass sich in den USA bereits im Jahr 2018 1 Million Menschen mit Lyme-Borreliose infiziert hätten, in Europa 2,4 Millionen Menschen. Bis 2050 prognostiziert er 55,7 Millionen Menschen in den USA und 134,9 Millionen (17 Prozent der Bevölkerung) in Europa.

Unter der Annahme, dass die meisten dieser Infektionen chronisch bleiben, schätzt er die Behandlungskosten für 2018 auf 10,1 bis 20,1 Milliarden Euro in Europa. Gigantische Zahlen, auf die unsere Politiker keine Antwort wissen und sich selbst die Krankenkassen Augen und Ohren zuhalten.

Quelle: https://www.mdpi.com/2227-9032/6/1/16/htm

Ein menschenverachtender Skandal

Entwurf neuer IDSA-Richtlinien

Die **IDSA** (Infectious Diseases Society of America), der seit Jahren hartnäckig die chronische Borreliose verleugnende Gegenspieler der **ILADS** (International Lyme And Associated Diseases Society) und Sprachrohr unter anderem der Deutschen Gesellschaft für

Neurologie, veröffentlichte im Juni dieses Jahres einen Entwurf neuer Richtlinien. Nur zum Schein eröffnete sie eine Einladung, Stellungnahmen dazu abgeben zu können. Denn es war nicht möglich, das fast 300 Seiten lange Manuskript zu kopieren, herunterzuladen und nach Schlüsselbegriffen zu suchen. Man konnte es nur online besichtigen und notfalls abschreiben. Zudem war es überaus kompliziert, Kommentare einzubringen. Erst kurz vor Ablauf der Frist am 10. August entschloss sich ID-SA, die Online-Schutzmaßnahmen aus dem Entwurf zu entfernen und die Frist für Mitwirkung bis zum 9. September zu verlängern.

Was steht drin? Diese Richtlinie ist eine Katastrophe für alle Borreliosepatienten. Weltweit. Die Diagnose Lyme-Borreliose wird für die USA mit wenigen Ausnahmen geleugnet. 58 Seiten umfasst eine Widerlegung, die von der amerikanischen LymeDisease.org und der ILADS verfasst wurde. Über 50 Patientenverbände weltweit haben sich diesen Kommentaren angeschlossen. Auch der Borreliose und FSME Bund Deutschland. Für die **Deutsche Borreliose-Gesellschaft** verfasste **PD Dr. Walter Berghoff** die nachfolgende Stellungnahme.

Entwurf Leitlinien zur Prävention, Diagnostik und Behandlung der Lyme-Borreliose (IDSA, AAN, ACR), 2019

Epikrise und Kommentierung von W. Berghoff (namens der Deutschen Borreliose Gesellschaft)

Abstract

Die vorgelegten Leitlinien betreffen die akute Lyme-Borreliose, deren neurologischen, kardialen und rheumatologischen Komplikationen sowie die Lyme-Borreliose in Verbindung mit Coinfektionen.

Kommentierung

In den Leitlinien wird nicht der Begriff der Lyme-Borreliose im Spätstadium benutzt, sondern von Komplikationen des Frühstadiums gesprochen. Entsprechend enthalten die Leitlinien nicht den Hinweis, dass zur Problematik der Lyme-Borreliose im Spätstadium keine evidenzbasierten Studien zu Diagnostik und Behandlung vorliegen. Im Gegensatz zu der bisherigen Literatur und anderen Leitlinien wird die Lyme-Borreliose im Spätstadium nicht als eigenständige Problematik gewürdigt; die erheblichen Schwierigkeiten bei Diagnostik und Therapie der Lyme-Borreliose im Spätstadium werden nicht oder nicht ausreichend gewürdigt.

Im Folgenden werden unzutreffende Passagen im Entwurf der Leitlinien dargestellt (Zitat) und jeweils anschließend kommentiert (Kommentierung).

Diagnostische Testverfahren bei Lyme-Borreliose (LB)

Zitat

Bei LB hat die serologische Untersuchung eine hohe Sensivität. Wochen bis Monate nach Infektionsbeginn wird die Serologie positiv. Bei einer Symptomendauer von Monaten bis Jahren schließt eine IgG Seronegativität die Diagnose einer Lyme-Borreliose aus.

Kommentierung

Bezug genommen wird auf die Publikation von Steere et al. 2008 (1). In der Studie wurden 76 Patienten untersucht, davon 44 im Stadium nach Dissemination. Bei diesen Patienten war die Serologie bei zwei Drittel positiv, also bei einem Drittel negativ (gut 30 Prozent). Bei Patienten mit neurologischen, kardialen oder artikulären Manifestationen bestand stets Seropositivität. Ziel der Publikation war der Vergleich der diagnostischen Wertigkeit von 2-Stufen-Test (ELISA, Westernblot) gegenüber C6 Peptid ELISA. Die Studie diente also nicht dazu, die Häufigkeit der Seropositivität bei Lyme-Borreliose zu prüfen. Die Behauptung, dass bei der Lyme-Borreliose im Spätstadium die Serologie stets positiv sei, stützt sich im Wesentlichen auf zwei methodologische Studien und zwar von Hansen und Asbrink, 1989, und Wilske et al, 1993. Auch diese Studien bezogen sich auf die Verbesserung von serologischen Untersuchungsmethoden. Ihre Zielsetzung betraf also nicht die Häufigkeit positiver serologischer Befunde bei der Lyme-Borreliose. Tatsächlich liegt umfangreiche Literatur vor, die Seronegativität im Spätstadium bei etwa 30 Prozent der Fälle belegt (2).

Zitat

Bei seropositiven Patienten, die mit neuen Symptomen erkranken, stützt sich die Diagnose des Rezidivs auf die klinische Symptomatik und die Differentialdiagnose. Nach antibiotischer Behandlung kann Seronegativität erst nach vielen Monaten oder Jahren auftreten, so dass die Serologie keine Aussage über die Heilung der Lyme-Borreliose zulässt.

Behandlung der Lyme-Borreliose

Zitat

Die Behandlung erfolgt mit den Antibiotika Doxycyclin, Penicillin, Amoxicillin, Cefuroxim, Ceftriaxon oder Azithromycin. Anaplasma phagocytophilium spricht auf Doxycyclin an. Bei der Lyme-Meningitis ist die orale antibiotische Behandlung mit Doxycyclin nachweislich effektiv. Die alternative perenterale Behandlung (Ceftriaxon) birgt die Gefahr höherer Nebenwirkungen.

Kommentierung

An dieser Stelle wird keine Literatur über die Eignung der verschiedenen Antibiotika angeführt. Zu beachten ist, dass bei einer Meningitis die Blut-Hirn-Schranke beschädigt ist und dadurch der Übertritt von Doxycyclin in die Meningen und das ZNS begünstigt wird. Doxycyclin gilt als kaum liquorgängig, so dass bei fehlender oder geringer Meningitis dem effektiveren Ceftriaxon der Vorzug zu geben ist (3-7).

Prävention gegen Zeckenstiche

Zitat

Empfohlen werden Repellentien.

Kommentierung

Unerwähnt bleiben jedoch die nur begrenzte Effizienz und die begrenzte Wirkdauer. Zutreffend ist allerdings die hohe Effizienz von Permethrin, dass auf die Kleidung oder auf Schutzanzüge aufgetragen werden kann.

Antibiotische Prophylaxe

Zitat

Bei hohem Infektionsrisiko wird eine Einzeldosis von Doxycyclin innerhalb von 72 Stunden nach Zeckenentfernung empfohlen.

Kommentierung

Entsprechend der Publikation von Nadelmann et al. 2001 führt eine einmalige Applikation von Doxycyclin 200 mg innerhalb von 72 Stunden nach Zeckenentfernung zu einer Reduktion des Infektionsrisikos von 3,2 Prozent auf 0,4 Prozent.

Antibiotische Behandlung des Erythema migrans

Zitat

Empfohlen werden Doxycyclin, Amoxicillin, Cefuroxim, Phenoxymethyl-Penicillin oder sonstige Antibiotika. Falls Doxycyclin und Betalactame unverträglich sind, kommt Behandlung mit Azithromycin in Betracht.

Kommentierung

Es ist zu beachten, dass die genannten Antibiotika (ausschließlich) beim Erythema migrans, also beim Frühstadium der Lyme-Borreliose empfohlen werden. Eine Übertragung auf das Spätstadium oder die in den Leitlinien erwähnten so genannten Komplikationen wäre unbegründet, da keine entsprechenden Studien vorliegen.

Insbesondere die antibiotische Monotherapie geht mit hohen Versagerquoten einher, da bei einem solchen Vorgehen die Abwehrmechanismen von Bb gegenüber Antibiotika unberücksichtigt bleiben. Nicht erwähnt wird zudem, dass Doxycyclin, Amoxicillin, Cefuroxim und Phenoxymethyl-Penicillin nicht in das ZNS eindringen können, so dass auch aus diesem Grunde die Übertragung von Früh-auf das Spätstadium unbegründet ist, da im Spätstadium ein Teil der Borrelien sich im ZNS aufhält.

STARI

Zitat

Die Southern Tick Associated Rash Illness (STARI) wird durch die Zecke Amblyomma americanum übertragen. Es handelt sich um eine rein kutane Erkrankung.

Kommentierung

Borrelien werden von Amblyomma americanum nicht übertragen. Es werden keine Empfehlungen zur antibiotischen Behandlung der STARI gegeben.

Lyme-Neuroborreliose (LNB)

Zitat

LNB ist die Bezeichnung für Schädigungen des peripheren und zentralen Nervensystems im Rahmen der Lyme-Borreliose. Bei der LNB des ZNS wird anatomisch differenziert zwischen Krankheitsmanifestationen im Subarachnoidalraum (Meningitis, erhöhter intercranieller Druck) und dem Parenchym von Gehirn und Myelon (Encephalitis, Myelitis). Bei LB ohne parenchymatöse ZNS-Erkrankung können kognitive Störungen auftreten, die als Encephalopathie bezeichnet werden. Eine solche Encephalopathie kommt auch bei vielen anderen systemisch entzündlichen Krankheiten vor. Lassen sich klinisch oder mittels MRT keine fokalen Abnormitäten im ZNS nachweisen, ist eine Encephalitis als Ursache einer solchen Encephalopathie auszuschließen.

Kommentierung

Die Lyme-Borreliose betrifft nachweislich den Cortex. Die kleinen und umschriebenen entzündlichen Veränderungen lassen sich oft nicht in Form einer fokalen neurologischen Symptomatik oder mittels MRT nachweisen. Informativer ist nicht selten ein FDG-PET.

Auf der Basis des körperlich neurologischen Befundes und des MRT kann nicht mit ausreichender Sicherheit eine Encephalitis ausgeschlossen werden, die ihrerseits zu der funktionellen Störung einer „Encephalopathie" führt. Die auch in der Literatur beschriebene oft ausgeprägte kognitive Störung (sowie affektive Störungen) legen eher einen Zusammenhang mit einer Encephalitis nahe. Die Encephalopathie auf eine „allgemeine funktionelle Störung" des Gehirns im Rahmen der generalisierten LB zu beziehen, ist eine hypothetische Annahme.

Zitat

Die zentrale LNB tritt meistens im Frühstadium, d.h. in den ersten Monaten der Infektion auf. Eine Erkrankung des peripheren Systems (Polyneuropathie) ist eine Manifestation des Spätstadiums. Pathophysiologisch besteht offensichtlich kein wesentlicher Unterschied zwischen LNB im Früh-bzw. Spätstadium.

Als diagnostisches Testverfahren bei der LNB wird die serologische Untersuchung im Serum und Liquor empfohlen, insbesondere zwecks Bestimmung des Antikörper-Index (also der Bildung von Bb AK durch das Immunsystem des ZNS). Intrathekale Antikörper treten bei 56 Prozent bis 79 Prozent der Fälle auf (europäische Studien). Der Erregernachweis gelingt bei der akuten LNB bei 17 Prozent der Fälle. In anderen Studien betrug die Sensivität für den Erregernachweis mittels PCR 5 Prozent. PCR-Nachweis im Blut liegt nach Literaturangaben zwischen 1 bis 28 Prozent. Das

Chemokin CXCL13 korreliert mit der Höhe der intrathekalen Antikörper, jedoch tritt CXCL13 auch bei anderen Infektionen des Gehirns auf. CXCL13 ist ein nützlicher Marker für die Beurteilung der therapeutischen Effizienz. Der Nachweis von intrathekalen Antikörpern gegen Bb schließt eine Meningitis durch andere Krankheitserreger oder andere Krankheitsursachen (außer LNB) aus. Zudem ergibt sich bei der Lumbalpunktion (zwecks Liquoruntersuchung) die Möglichkeit, den intracraniellen Druck zu messen.

Eine Pleozytose bei Meningitis geht üblicherweise unter adäquater Behandlung zurück, eine komplette Normalisierung stellt sich jedoch oft erst nach längerer Zeit ein.

Kommentierung

Die Beurteilung der therapeutischen Effizienz anhand von CXCL13 ist durch Literatur nicht belegt.

Neurologische Symptomatik als Hinweis auf LNB

Zitat

Bei folgenden Manifestationen sollte auf LNB untersucht werden: Meningitis, schmerzhafte Radikuloneuritis, Mononeuropathia multiplex, akute cranielle Neuropathien (bei plausibler Exposition gegenüber infizierten Zecken).

Bei folgenden Erkrankungen sollte keine Untersuchung auf Lyme-Borreliose erfolgen: amyotrophe Lateralsklerose, schubförmige MS, M. Parkinson, Demenz, cerebrale Anfälle.

Kommentierung

Zu überprüfen ist im Einzelfall, ob die oben genannten Erkrankungen tatsächlich vorliegen, z.b. müssen bei der Diagnose einer Multiplen Sklerose die diagnostischen McDonald Kriterien erfüllt sein und weitere geforderte Voraussetzungen vorliegen; unter anderem wird gefordert, dass der Krankheitszustand nicht besser durch eine andere Erkrankung erklärbar ist. Cerebrale Anfälle sind bei der LNB keine Seltenheit; auch in der Literatur ist ein derartiger Zusammenhang beschrieben. Auch ein Parkinson-Syndrom sowie die bereits oben angesprochenen kognitiven Störungen sind übliche Manifestationen. Gegenüber dem M. Parkinson ist das Parkinson-Syndrom (bei LNB) insbesondere durch einen negativen Dopa-Test gekennzeichnet.

Zitat

Marklagerläsionen stellen eine unspezifische Manifestation dar und rechtfertigen keine Untersuchung auf LNB.

Kommentierung

Marklagerläsionen sind ein häufiges Phänomen bei der LNB (8-13). Bei Feststellung solcher Veränderungen ist im Rahmen der Differentialdiagnose eine Untersuchung auf LNB unerlässlich.

Zitat

Die Alzheimer-Krankheit ist bei LNB sehr ungewöhnlich.

Kommentierung

Es wird ausschließlich auf die Studie von Pappolla et al. 1989 Bezug genommen. Mehrere Publikationen aus jüngerer Zeit, die den Zusammenhang zwischen LNB und Demenz darstellen, bleiben unberücksichtigt (14-17)). In ähnlicher Weise wird auch die Literatur bezüglich LNB und ALS-ähnlichen Krankheitszuständen missachtet.

Zitat

Marklagerläsionen können zur Verwechslung mit Multipler Sklerose führen. Marklagerläsionen kommen zudem häufig bei vaskulären Risikofaktoren und Migräne vor sowie im Alter. Daher sind Marklagerläsionen nicht generell nützlich für die Diagnose einer Lyme-Borreliose. Weitere Studien sind jedoch erforderlich, um Marklagerveränderungen genauer zu definieren, die auf eine Lyme-Borreliose hinweisen.

Kommentierung

Der Zusammenhang mit Migräne und Alter ist durch Literatur nicht (ausreichend) belegt. Bei den so genannten mikroangiopathischen Läsionen lässt sich der Zusammenhang mit Verschluss von einzelnen Ästen der großen cerebralen Arterien nicht darstellen. Die Annahme mikroangiopathischer Läsionen ist daher nur gerechtfertigt, wenn ein nicht cortikaler Infarkt mittels

MRT nachgewiesen wird mit entsprechenden neurologischen Symptomen. Entscheidend ist, dass Marklagerläsionen in der ganz überwiegenden Zahl der Fälle Ausdruck einer MS oder LNB sind.

Psychiatrische Erkrankungen bei LNB

Zitat

Es gibt keine überzeugenden Studien über einen Kausalzusammenhang zwischen LNB und psychiatrischen Erkrankungen.

Kommentierung

Wesentliche Literatur bezüglich neuropsychiatrischer Erkrankungen bei LNB bleibt unberücksichtigt (18-21).

Antibiotische Behandlung der akuten LNB ohne Beeinträchtigung des ZNS-Parenchyms

Zitat

Bei Meningitis, cranieller Neuropathie, Radikuloneuropathie und Polyneuropathie werden folgende Antibiotika empfohlen: Ceftriaxon, Cefotaxim, Penicillin oder oral Doxycyclin. – Doxycyclin 200 mg 1 x täglich.

Kommentierung

Doxycyclin ist nur bei Vorliegen einer Meningitis ausreichend wirksam, da in einer solchen Situation die gestörte Blut-Hirn-Schranke die Penetration von

Doxycyclin in das ZNS begünstigt. Die einmalige Applikation von Doxycyclin pro Tag ist in Anbetracht der relativ kurzen Halbwertszeit unzureichend.

Zitat

Orale Behandlung mit Doxycyclin ist für leichtere Krankheitszustände in der ambulanten Medizin geeignet. Bei akuteren Fällen erfolgt stationäre Behandlung zur Durchführung einer intravenösen Behandlung mit den oben genannten anderen Antibiotika. Wenn sichergestellt ist, dass die ausgeprägte Meningitis durch LNB bedingt ist, kann von der intravenösen Behandlung auf eine orale Behandlung mit Doxycyclin umgestellt werden.

Kommentierung

In diesem Zusammenhang wird keine Literatur angeführt. Mögliche Unterschiede der Effizienz zwischen den aufgelisteten Antibiotika werden nicht angesprochen. Auch der Krankheitsverlauf nach antibiotischer Beherrschung der Akutphase wird nicht diskutiert.

Zitat

Bei LNB mit parenchymatösen Veränderungen in Gehirn und Myelon und entsprechenden Befunden im MRT sollte parenterale antibiotische Behandlung erfolgen, da sich dieses Vorgehen bei anderen Krankheiten einschließlich Neurosyphilis bewährt hat.

Kommentierung

Literatur wird in diesem Zusammenhang nicht benannt. Es ist unverständlich, dass eine Behandlung für die Lyme-Neuroborreliose empfohlen wird, weil sie bei einer anderen Erkrankung wirksam ist.

Einsatz von Kortikoiden bei der Fazialisparese infolge LNB

Zitat

Der Einsatz von Kortikoiden bei peripherer Fazialisparese im Rahmen einer LNB wird nicht empfohlen. Dagegen ist Behandlung mit Kortikoiden bei der idiopathischen Fazialisparese zu befürworten.

Papillenödem

Zitat

LNB kann zu erhöhtem intrakraniellem Druck führen mit Beeinträchtigung der Sehleistung. Daher sind Maßnahmen zur Senkung des intracraniellen Drucks erforderlich.

Lyme-Karditis

Zitat

Wesentliche Manifestationen: AV-Block Grad I-III, atriale und ventrikuläre Arrhythmien, kranker Sinusknoten, Beeinträchtigung des Erregungsleitungssystems, Perikarditis, Myokarditis. Eine Beziehung zwischen LB und chronischer Kardiomyopathie ist weniger sicher.

Ein EKG sollte nur bei kardialen Symptomen durchgeführt werden: Kurzatmigkeit, Ödeme, Herzklopfen,

Gefühl eines drohenden Kollaps, Schmerzen im Brustkorb, Synkopen.

Die Verlängerung der PQ-Zeit auf 0,30 Sekunden sollte Grund für eine sofortige stationäre Aufnahme sein. Bei hochgradiger Bradykardie sollte ein temporärer Schrittmacher verwendet werden. Ein permanenter Schrittmacher ist zunächst nicht indiziert.

Kommentierung

Angesichts des geringen Aufwandes ist es unverständlich, dass bei der Lyme-Borreliose nicht in jedem Fall ein EKG empfohlen wird, um frühzeitig kardiale Manifestationen zu entdecken. Die aufgelisteten Symptome als Indikation für ein EKG sind überdies bei der Lyme-Karditis nicht obligat. Zum Beispiel können AV-Block I. bis II. Grades, Erregungsleitungsstörungen und Perikarditis ohne jegliche Beschwerden vorkommen.

Behandlung der Lyme-Karditis

Zitat

Ambulante Patienten Behandlung mit Doxycyclin (oral), stationäre Patienten mit Ceftriaxon. Behandlungsdauer zwei bis drei Wochen; diese Behandlungsdauer wird gegenüber einer längeren Behandlung befürwortet, da für eine Langzeitbehandlung nur schwache Empfehlungen vorliegen mit sehr niedriger Evidenz. Auch können bei der kardialen Lyme-Borreliose andere Antibiotika eingesetzt werden: Doxycyclin, Amoxicillin, Cefuroxim, Azithromycin.

Kommentierung

Die Empfehlung, ambulante Patienten mit Doxycyclin, stationäre Patienten mit Ceftriaxon zu behandeln, ist nicht nachvollziehbar. Literatur über eine adäquate Behandlung der Lyme-Karditis hinsichtlich Art und Behandlungsdauer liegt nicht vor. Die Empfehlung, die Behandlung auf zwei bis drei Wochen zu limitieren, ist daher willkürlich.

Untersuchung auf LB bei Myokarditis / Perikarditis oder Kardiomyopathie ungeklärter Ursache

Zitat

Bei sonst ungeklärter Ätiologie sollte auf LB untersucht werden.

Lyme-Arthritis

Zitat

Bei unbehandeltem Erythema migrans kommt es in 60 Prozent der Fälle zur Lyme-Arthritis. Jüngere Studien zeigen bei der Lyme-Arthritis eine Inzidenz von 30 Prozent. Die Arthritis ist relativ weniger schmerzhaft. Sie tritt an weniger als 5 Gelenken auf, meistens nur an einem einzigen Gelenk. Entzündungen kleinerer Gelenke sind sehr ungewöhnlich.

Kommentierung

Bei Mittelung der Literaturdaten liegt die Häufigkeit der Lyme-Arthritis bei 40 Prozent aller LB-Patienten.

Diagnostische Maßnahmen bei Lyme-Arthritis

Zitat

Serologische Untersuchung, Erregernachweis mittels PCR im Gelenkgewebe und Gelenkflüssigkeit, wenn im Hinblick auf die Behandlung weitere Abklärung erforderlich ist. Wenn nur IgM AK nachweisbar sind, nicht aber IgG AK, sollte die Diagnose Lyme-Arthritis in Frage gestellt werden.

Kommentierung

Im Zusammenhang mit IgM, AK und IgG AK bei Lyme-Arthritis keine Angabe von Literatur. Auch im Hinblick auf die Häufigkeit von Seropositivität bzw. Seronegativität bei der Lyme-Arthritis werden keine Literaturangaben gemacht. Literatur zur Häufigkeit sowie Seropositivität und Seronegativität liegt nicht vor. In verschiedenen Leitlinien wird Bezug genommen auf methodologische Studien mit kleiner Fallzahl. Diese Studien dienten in den frühen Jahren der LB-Problematik der Verbesserung serologischer Nachweisverfahren. Sie hatten nicht die Feststellung der Häufigkeit der Seropositivität zum Ziel. Auch die Behauptung, dass ein alleiniges Vorliegen von IgM AK, also das Fehlen von IgG AK, eine Lyme-Arthritis in Frage stellt, lässt sich durch Literatur nicht belegen.

Antibiotische Behandlung der Lyme-Arthritis

Zitat

Antibiotische Behandlung führt bei 90 Prozent der Fälle innerhalb von ein bis drei Monaten zur Heilung.

Kommentierung

Bezug genommen wird auf die Publikation von Steere et al. 1994. In der Studie wird erwähnt, dass 18 von 20 Patienten nach Behandlung mit Doxycyclin und 16 / 18 Patienten nach Behandlung mit Amoxicillin ein Abklingen der Arthritis aufwiesen. Allerdings entwickelten 5 Patienten später eine Neuroborreliose, insbesondere nach Behandlung mit Amoxicillin. Untersuchungen bei weiteren Patienten zeigten, dass Ceftriaxon bei der Lyme-Arthritis meistens unwirksam war. Die HLA-DR4-Spezifität und OspA-Reaktivität waren assoziiert mit Therapieversagen. In diesem Zusammenhang wird nicht darauf hingewiesen, dass bei Vorliegen von HLA-DR4 die antibiotische Effizienz bei Behandlung der Lyme-Arthritis um ca. 30 Prozent vermindert war.

Der Nachweis von HLA-DR4 signalisiert also nicht etwa eine generalisierte antibiotische Resistenz bei Lyme-Arthritis, sondern eine Verminderung der Ansprechrate.

Die zitierte Arbeit von Steere et al, 1994 betraf Patienten mit Lyme-Arthritis, die mit Doxycyclin oder Amoxicillin + Probenecid für 30 Tage behandelt wurden. Patienten, die trotz Vorbehandlung mit oralen Antibiotika oder Vorbehandlung mit parenteralem Penicillin eine persistierende Arthritis aufwiesen, wurden mit Ceftriaxon für zwei Wochen nachbehandelt. Diese bei 16 Patienten erfolgte Nachbehandlung mit Ceftriaxon war in allen Fällen erfolglos. Es ist daher unverständlich, dass in den Leitlinien, Kapitel XXV bei der persistierenden Lyme-Arthritis Ceftriaxon empfohlen wird und dies ohne Angabe von Literatur.

Therapeutische Maßnahmen bei therapieresistenter Arthritis

Zitat

In einer solchen Situation sollte keine erneute antibiotische Behandlung erfolgen. Stattdessen Verlaufsbeobachtung. Allerdings könnte bei nur mäßiger Krankheitsausprägung eine Nachbehandlung mit intravenöser Behandlung sinnvoll sein, insbesondere wenn die Krankheitsmanifestationen relativ gering sind und der Patient eine i.v.-Behandlung bevorzugt.

Bei unzureichendem Therapieerfolg mit mäßiger bis schwerer Gelenkschwellung wird eine zwei-bis vierwöchige Nachbehandlung mit Ceftriaxon gegenüber einer erneuten oralen Behandlung mit Doxycyclin bevorzugt (schwache Empfehlung, geringe Evidenz).

Kommentierung

Zu dem therapeutischen Vorgehen wird keine Literatur angeführt. In dieser Passage der Leitlinien wird deutlich, dass eine antibiotische Behandlung keinesfalls die Heilung (Beseitigung) einer Lyme-Borreliose garantiert.

Die Passage steht somit im krassen Widerspruch zu der in den Leitlinien enthaltenen Negierung der chronischen Lyme-Borreliose. Da die „therapieresistente Arthritis" das Spätstadium betrifft, sei erneut darauf hingewiesen, dass keine evidenzbasierten Studien zu Diagnose und Therapie des Spätstadiums vorliegen. Die Empfehlung der „antibiotischen Nachbehandlung" der Lyme-Arthritis und der sie bedingenden Umstände ist daher willkürlich.

Zitat

Es gibt keine Literatur, die zugunsten einer Behandlungsdauer von über vier Wochen spricht. In Tierstudien wurden (allerdings) die Erreger (Bb) im Bindegewebe nachgewiesen, d.h. in relativ avaskulären Arealen wie Sehnen und Bändern. Der Erreger konnte in der Gelenkflüssigkeit nicht nachgewiesen werden. Rückbildung einer Arthritis über einen längeren Zeitraum oder sonstige Rückstände könnten der Grund für die nur langsame Rückbildung der Arthritis sein.

Kommentierung

Eine Empfehlung über die Dauer der antibiotischen Behandlung bei Lyme-Arthritis ist grundsätzlich nicht möglich, da keine entsprechende Literatur vorliegt. Entsprechend kann auch die Begrenzung der Behandlung auf vier Wochen wissenschaftlich nicht belegt werden.

Zitat

Die Behandlung einer Lyme-Arthritis, die nicht auf Antibiotika anspricht, kann durch folgende Maßnahmen behandelt werden: nicht steroidale Antirheumatika (NSAR), intraartikuläre Steroidinjektionen oder Synovektomie. Antibiotische Behandlungen für länger als acht Wochen bringen dem Patienten keinen Vorteil.

Kommentierung

Literatur über die Effizienz der genannten Behandlungen steht nicht zur Verfügung. Auch die Behauptung, dass eine antibiotische Langzeitbehandlung nicht effektiv sei, wird durch Literatur nicht belegt. Nachgewiesen ist lediglich, dass bei antibiotischer Monotherapie in vielen Fällen ein therapeutischer Erfolg ausbleibt. Die Infektion persistiert (chronische Borreliose) mit oft vielfältiger Symptomatik, u.a. auch mit einer „therapieresistenten Lyme-Arthritis bei antibiotischer Monotherapie" (vgl. Tab. 1, Seite 123).

Zitat

Die Mehrzahl der Fälle spricht auf NSAR und intraartikuläre Kortikoide gut an. Bei den restlichen Patienten führte Synovektomie in 73 Prozent der Fälle zur Beschwerdefreiheit. In einer Studie war eine Erstbehandlung mit oralem Doxycyclin erfolglos, die Nachbehandlung mit Ceftriaxon für einen Monat führte zur Beseitigung der Arthritis, allerding nur in 25 von 32 untersuchten Patienten. Nach erfolgloser antibiotischer Behandlung zeigte die Behandlung mit NSAR, Hydroxychloroquin, Methotrexat oder TNF-Inhibitoren eine weitgehende Besserung innerhalb von Monaten. Eine Langzeitstudie zeigte, dass die Lyme-Arthritis in etwa 25 Prozent der Fälle zu degenerativen Veränderungen, also zu Arthrose führte.

Kommentierung

Bezug genommen wird auf die Arbeit von Steere and Angelis, 2006. Die Studie erfasste 62 Patienten mit Antibiotika-refraktärer Arthritis. Behandelt wurde mit NSAR und häufigen intraartikulären Injektionen von Steroiden + Hydroxychloroquin. Die Erfolgsquote betrug etwa 75 Prozent, bei Synovektomie 30 Prozent bei Behandlung mit Methotrexat oder Infliximab 85 Prozent. Die Gruppe MTX, INFLIX umfasste 7 Patienten. – Es trifft zwar zu, dass die nicht antibiotischen Behandlungen in der Mehrzahl der Fälle zum Erfolg führten, jedoch lag bei allen Behandlungsmethoden eine erhebliche Fehlerquote vor. Folgestudien über die Effizienz dieser nicht antibiotischen Behandlungen liegen nicht vor.

Persistierende Symptome nach Behandlung von LB

Zitat

Die Persistenz von Symptomen nach antibiotischer Behandlung entsprechend Standard (nationalen und internationalen Leitlinien) ist eine Angelegenheit, die sich nicht sicher einschätzen lässt. Langzeitstudien von Patienten nach (so genannter) adäquater Diagnose und Therapie beschreiben persistierende oder rezidivierende Symptome in Form von Fatigue, muskuloskelettalen Schmerzen, neurokognitive oder unspezifische subjektive Symptome in 10 bis 20 Prozent der Fälle ein Jahr nach antibiotischer Behandlung.

Kommentierung

Zitiert werden die Publikationen von Shadick et al. 1994 und Nowakowski et al. 2003. In der Arbeit von Shadick et al. 1994 wurden die Spätfolgen nach akuter Lyme-Borreliose bei 38 Patienten untersucht. Es handelt sich um eine retrospektive Studie, die Evaluation erfolgte im Schnitt 6,2 Jahre nach Krankheitsbeginn. Die Diagnose der Lyme-Borreliose erfüllte die CDC-Kriterien. Die Behandlung erfolgte mit Tetracyclinen, Erythromycin, Amoxicillin, Doxycyclin, Penicillin (i.v.) oder Ceftriaxon. Die Dosis entsprach den Vorgaben der Leitlinien. Die Behandlungsdauer betrug bei oralen Antibiotika 10 – 21 Tage, bei intravenöser Behandlung 10 – 14 Tage. Nur ein Patient erhielt Doxycyclin als initiale antibiotische Therapie. 10 / 30 Patienten berichten über Rezidiv ein Jahr nach der Erstbehandlung (Fatigue, persistierende Arthritis, Arthralgien, Kopfschmerzen, kognitive Störungen) und wurden wiederholt antibiotisch behandelt. Die Publikation enthält die Schlussfolgerung, dass Patienten mit der Anamnese einer Lyme-Borreliose häufiger an Muskelskelettbeschwerden und Einschränkung der Kognition litten (im Vergleich zu Kontrollen). Die Autoren schlussfolgern, dass eine disseminierte Lyme-Krankheit zu einer lang anhaltenden Morbidität führen kann.

Bei der Studie von Nowakowski et al. 2003 handelte es sich ausschließlich um Patienten mit Erythema migrans ohne extrakutane Manifestationen. Die zeitnahe antibiotische Behandlung führte bei 96 Prozent der Fälle zur Beschwerdefreiheit. Die Autoren schlussfolgern, dass die antibiotische Behandlung hervorragend gegen Erythema migrans wirkt. Der Beobachtungszeitraum betrug durchschnittlich 5,6 Jahre (22, 23)).

Zitat

Die persistierenden Symptome können den Patienten sehr beeinträchtigen, obwohl sie im Laufe der Zeit abklingen.

Kommentierung

Zitiert werden die Publikationen von Wormser et al, 2015 und Wills et al, 2016 (24, 25). Die Arbeit von Wormser befasst sich mit der Fatigue bei kulturell bestätigter Lyme-Borreliose. Untersucht wurden ausschließlich Patienten mit Erythema migrans. Die Beobachtungszeit betrug im Schnitt 15,4 Jahre. Bei praktisch keinem Patienten wurde eine länger dauernde Fatigue infolge LB festgestellt. In der Arbeit von Wills et al, 2016 wurde die Lebensqualität durch systematische Befragung der Patienten ermittelt und zwar bei 101 Patienten. Die Beobachtungszeit betrug durchschnittlich 3,9 Jahre.

Die Daten für die Lebensqualität lagen zunächst unter dem Durchschnitt der Bevölkerung, zeigten jedoch drei Jahre nach Krankheitsbeginn keinen Unterschied gegenüber dem Bevölkerungsdurchschnitt. – Zu beachten ist, dass es sich bei den Publikationen um den Krankheitsverlauf nach antibiotisch therapiertem Frühstadium handelte, bei dem bekanntlich die Prognose sehr günstig ist. – Nicht erwähnt wird die Behandlung von persistierenden Symptomen nach Behandlung im

Spätstadium, bedingt durch die Tatsache, dass evidenzbasierte Studien über die Behandlung des Spätstadiums bisher nicht vorliegen. – Auch einige weitere Literaturhinweise in diesem Zusammenhang betreffen entweder das Frühstadium oder sind methodisch fragwürdig. Entscheidend ist, dass die oben genannten Beschwerden (persistierende Symptome) nicht im Zusammenhang mit einer möglichen Lyme-Borreliose im Spätstadium diskutiert werden können, da keine entsprechende Literatur vorliegt.

Zitat

Die oben geschilderten persistierenden Symptome könnten gänzlich oder zum Teil eine unzutreffende Problemeinschätzung repräsentieren, bei der die unspezifischen Symptome unkorrekterweise der (favorisierten) Diagnose einer Lyme-Borreliose zugeordnet werden.

Kommentierung

In diesem besonders wichtigen Abschnitt der Leitlinien wird das gravierende Problem der Lyme-Borreliose im Spätstadium hinsichtlich Diagnostik und Therapie nicht gewürdigt; es sei wiederholt, dass für das Spätstadium keine entsprechenden evidenzbasierten Studien vorliegen. Die Existenz einer Lyme-Borreliose im Spätstadium infolge chronisch persistierender Infektion (chronische Borreliose) steht jedoch außer Zweifel (vgl. Tab. 1, Seite 22).

Erneute antibiotische Behandlung bei persistierenden Symptomen

Zitat

Bei fehlender Evidenz für ein Behandlungsversagen wird keine zweite antibiotische Behandlung empfohlen. Evidenz für Behandlungsversagen umfasst Zeichen von Krankheitsaktivität, z.B. Arthritis, Meningitis oder Neuropathie.

Kommentierung

Erneut wird die Situation bei der Lyme-Borreliose im Spätstadium nicht thematisiert. Insbesondere wird die Häufigkeit von Manifestationen außer Acht gelassen. Eine Arthritis kommt bei der Lyme-Borreliose im Spätstadium bei höchstens 40 Prozent der Fälle vor, eine Meningitis bei 3 Prozent, eine (periphere) Neuropathie bei 5 Prozent. Das Fehlen solcher Krankheitsmanifestationen schließt also eine persistierende Lyme-Borreliose, d.h. eine Lyme-Borreliose im Spätstadium nicht aus. Eine Lyme-Borreliose im Spätstadium geht stets mit einer persistierenden Infektion (chronische Lyme-Borreliose) einher, so dass beide Begriffe faktisch Synonyma darstellen.

Angeführt werden die Publikationen von Klempner et al. 2001 und Berende et al. 2016. In der Arbeit von Klempner et al. handelte es sich um Patienten, die zuvor wegen nachgewiesener Lyme-Borreliose zum Teil mehrfach antibiotisch behandelt worden waren, allerdings ohne ausreichenden Erfolg. Es erfolgte Nachbehandlung mit Ceftriaxon für einen Monat, nachfolgend mit Doxycyclin für zwei Monate. Die Autoren gingen (irrtümlich) davon aus, dass die beiden Antibiotika bei der Lyme-Borreliose im Spätstadium ebenso effektiv sind wie im Frühstadium. Dabei wurde nicht beachtet, dass Borrelia burgdorferi im Krankheitsverlauf Abwehrmechanismen gegen Antibiotika entwickelt (Persister, Biofilme), dass Doxycyclin nicht liquorgängig und somit im ZNS nicht wirksam ist. Ceftriaxon wirkt nicht intrazellulär und kann somit Borrelien bei intrazellulärem Aufenthalt nicht erreicht. Überdies führte die antibiotische Behandlung (in den Studien) zu einer vorübergehenden (!) Besserung. Erst bei Kontrolle drei Monate nach antibiotischer Nachbehandlung zeigte sich keine Besserung der Symptomatik gegenüber den Kontrollen. Die passagere Besserung war signifikant und könnte Ausdruck einer vorübergehend generell reduzierten Bakterienmasse infolge der antibiotischen Nachbehandlung sein. – In der Arbeit von Berende (Persistent Lyme empiric antibiotic study Europe, PLEASE) erfolgte eine ähnliche Behandlung, wie in der Studie von Klempner et al. Zunächst Behandlung mit Ceftriaxon für zwei Wochen, nachfolgend mit Doxycyclin, Clarithromycin, Hydroxychloroquin oder Placebo für drei Monate.

Auf die Arbeit von Berende et al (PLEASE), 2016 wird ausführlich im folgenden Kapitel „Chronische Lyme-Borreliose", eingegangen.

Chronische Lyme-Borreliose

Zitat

Der Begriff „chronische Lyme-Borreliose" wurde (seit etwa 2000) durch den Begriff „Spätmanifestationen" ersetzt.

Kommentierung

Bis etwa 2000 war der Begriff „chronische Lyme-Borreliose" üblich, danach wurde der Begriff „Lyme-Borreliose im Spätstadium" benutzt, um eine Abgrenzung gegenüber dem Frühstadium darzustellen.

Der Begriff „chronische Lyme-Krankheit" ist keine akzeptierte Definition bei der klinischen Verwendung oder in wissenschaftlichen Studien. Der Begriff wurde benutzt bei einer sehr heterogenen Patientenpopulation einschließlich Patienten mit länger anhaltenden und unerklärten Symptomen, bei denen objektive Zeichen einer Lyme-Borreliose nicht vorlagen und bei denen häufig andere Krankheiten als Ursache festgestellt wurden, z.B. rheumatoide Arthritis, Osteoarthritis, amyotrophe Lateralsklerose, Myasthenia gravis oder Depression.

Kommentierung

Die chronische Borreliose und die Lyme-Borreliose im Spätstadium sind wissenschaftlich belegt (Tab. 1). – In der Leitlinie selbst heißt es auf Seite 12, dass die Behandlung der Lyme-Borreliose unter anderem dazu dient, „neue Komplikationen der Infektion zu verhindern". Im Zusammenhang ist der Begriff „Komplikationen" unverständlich und unpassend. Ziel einer antibiotischen Behandlung kann ausschließlich die Bekämpfung der Infektion (chronische Lyme-Borreliose) sein, die zu dem klinischen Krankheitszustand einer Lyme-Borreliose im Spätstadium führt).

Im Folgenden wird die wesentliche Literatur zur chronischen Lyme-Borreliose in Tabellen dargestellt.

Tabelle 1
Erregerresistenz bei Lyme-Borreliose Spätstadium (chronische Lyme-Borreliose) nach antibiotischer Behandlung

Autor	Nachweis-	Probenherkunft
Weber et al. (1)	Histologie	Gehirn, Leber (Autopsie)
Schmidt et al. (2)	Kultur	Synovialflüssigkeit
Cimmino et al. (3)	Histologie	Milz
Preac-Mursic et al.(4)	Kultur	Haut, Liquor
Pfister et al. (5)	Kultur	Liquor
Strle et al. (6)	Kultur	Haut
Preac-Mursic et al (7)	Kultur	Iris
Haupl et al. (8)	Kultur	Gelenkkapsel
Strle et al.(9)	Kultur	Haut
Preac-Mursic (10)	Kultur	Haut
Oksi et al. (11)	Kultur	Liquor
	PCR	Gehirn
	PCR	Gehirn (Autopsie)
Priem et al. (12)	PCR	Synovialflüssigkeit
Oksi et al. (13)	Kultur, PCR	Blut
Breier et al. (14)	Kultur	Haut
Hunfeld et al. (15)	Kultur	Haut
Hudson et al. (16)	Kultur, PCR	Haut
Steere et al. (17)	Histologie	Synovialflüssigkeit
Kirsch et al. (18)	Histologie	Lymphknoten
Liegner et al. (19)	Histologie	Haut
	PCR	Blut

Autor	Nachweis-	Probenherkunft
Battafarano et al. (20)	Hist., PCR	Synovialflüssigkeit, Gelenkkapsel
Chancellor et al. (21)	Histologie	Harnblase
Nocton et al. (22)	PCR	Synovialflüssigkeit
Shadick et al. (23)	Histologie	Gehirn (Autopsie)
Masters (24)	Kultur	Blut
Lawrence et al. (25)	PCR	Liquor
Bayer et al. (26)	PCR	Urin
Nocton et al. (27)	PCR	Liquor
Hassler et al. (28)	PCR	Haut
Li et al. (29)	PCR	Haut, Synovialflüssigkeit
Preac-Mursic et al. (7)		Histologie, PCR

Literaturverzeichnis zur Tabelle 1

1. Weber K, Bratzke HJ, Neubert U, Duray PH. Borrelia burgdorferi in a new born despite oral penicillin for Lyme borreliosis during pregnangy. Pediatr Infect Dis J. 1988; 7:286-289.

2. Schmidli J, Hunziker T, Moesli P, Schaad UB. Cultivation of Borrelia burgdorferi from joint fluid

three months after treatment of facial palsy due to Lyme borreliosis. J Infect Dis. 1988; 158:905906.

3. Cimmino MA, Azzolini A, Tobia F, Pesce CM. Spirochetes in the spleen of a patient with chronic Lyme disease. Am J Clin Pathol. 1989; 91:95-97.

4. Preac-Mursic V, Weber K, Pfister HW, Wilske B, Gross B, Baumann A, Prokop J. Survival of Borrelia burgdorferi in antibiotically treated patients with Lyme borreliosis. Infection. 1989; 17:355-359.

5. Pfister HW, Preac-Mursic V, Wilske B, Schielke E, Sorgel F, Einhaupl KMJ. Randomized

comparison of ceftriaxone and cefotaxime in Lyme neuroborreliosis. Infect Dis. 1991; 163:311318.

6. Strle F, Preac-Mursic V, Cimperman J, Ruzic E, Maraspin V, Jereb M. Azithromycin versus doxycycline for treatment of erythema migrans: clinical and microbiological findings. Infection. 1993; 21:83-88.

7. Preac-Mursic V, Pfister HW, Spiegel H, Burk R, Wilske B, Reinhardt S, Böhmer R. First isolation of Borrelia burgdorferi from an iris biopsy. J Clin Neuroophthalmol. 1993; 13:155-161.

8. Haupl T, Hahn G, Rittig M, Krause A, Schoerner C, Schönherr U, Kalden JR, Burmester GR. Persistence of Borrelia burgdorferi in ligamentous tissue from a patient with chronic Lyme borreliosis. Arthritis Rheum. 1993; 36:1621-1626.

9. Strle F, Maraspin V, Lotric-Furlan S, Ruzic-Sabljic E, Cimperman J. Azithromycin and doxycyclin

for treatment of Borrelia culture-positive erythema migrans. Infection. 1996; 24:64-68.

10. Preac-Mursic V, Marget W, Busch U, Pleterski Rigler D, Hagl S. Kill kinetics of Borrelia burgdorferi and bacterial findings in relation to the treatment of Lyme borreliosis. Infection. 1996; 24:9-16.

11. Oksi J, Kalimo H, Marttila RJ, Marjamäki M, Sonninen P, Nikoskelainen J, Viljanen MK. Inflammatory brain changes in Lyme borreliosis. A report on three

patients and review of literature. Brain. 1996; 119:2143-2154.

12. Priem S, Burmester GR, Kamradt T, Wolbart K, Rittig MG, Krause A. Detection of Borrelia burgdorferi by polymerase chain reaction in synovial membrane, but not in synovial fluid from patients with persisting Lyme arthritis after antibiotic therapy. Ann Rheum Dis. 1998; 57:118-121.

13. Oksi J, Marjamaki M, Nikoskelainen J, Viljanen MK. Borrelia burgdorferi detected by culture and PCR in clinical relapse of disseminated Lyme borreliosis. Ann Med. 1993; 31:225-232.

14. B. Freier, Khanakah G, Stanek G, Kunz G, Aberer E, Schmidt B, Tappeiner G. Isolation and polymerase chain reaction typing of Borrelia afzelii from a skin lesion in a seronegative patient with generalized ulcerating bullous lichen sclerosus et atrophicus. Br J Dermatol. 2001; 144:387 392.

15. Hunfeld KP, Ruzic-Sabljic E, Norris DE, Kraiczy P, Strle F. In vitro susceptibility testing of Borrelia burgdorferi sensu lato isolates cultured from patients with erythema migrans before and after antimicrobial chemotherapy. Antimicrob Agents Chemother. 2005; 49:1294-1301.

16. Hudson BJ, Stewart M, Lennox VA, Fukunaga M, Yabuki M, Macorison H, Kitchener-Smith J. Culture-positive Lyme borreliosis. Med J Aust. 1998; 168:500-502.

17. Steere AC, Duray PH, Butcher EC. Spirochetal antigens and lymphoid cell surface markers in Lyme synovitis. Comparison with rheumatoid synovium and tonsillar lymphoid tissue. Arthritis Rheum. 1988; 31:4887-495.

18. Kirsch M, Ruben FL, Steere AC, Duray PH, Norden CW, Winkelstein A. Fatal adult respiratory distress syndrome in a patient with Lyme disease. JAMA. 1988; 259; 2737-2739.

19. Liegner KB, Shapiro JR, Ramsay D, Halperin AJ, Hogrefe W, Kong L. Recurrent erythema migrans despite extended antibiotic treatment with minocycline in a patient with persisting Borrelia burgdorferi infection. J. Am Acad Dermatol. 1993; 28(2):312-314.

20. Battafarano DF, Combs JA, Enzenauer RJ, Fitzpatrick JE. Chronic septic arthritis caused by Borrelia burgdorferi. Clin Orthop. 1993; 297:238-241.

21. Chancellor MB, McGinnis DE, Shenot PJ, Kiilholma P, Hirsch IH. Urinary dysfunction in Lyme disease. J Urol. 1993; 149:26-30.

22. Nocton JJ, Dressler F, Rutledge BJ, Rys PN, Persing DH, Steere AC. Detection of Borrelia burgdorferi DNA by polymerase chain reaction in synovial fluid from patients with Lyme arthritis. N Engl J Med 1994.; 330:229-234.

23. Shadick NA, Phillips CB, Logigian EL, Steere AC, Kaplan RF, Berardi VP, Duray PH, Larson MG, Wright EA, Ginsburg KS, Katz JN, Liang MH. The long-term clinical outcomes of Lyme disease. A popu-

lation-based retrospective cohort study. Ann Intern Med. 1994; 121:560-567.

24. Masters E. Spirochetemia after continuous high-dose oral amoxicillin therapy. Infect Dis Clin Prac. 1994; 3:207-208.

25. Lawrence C, Lipton RB, Lowy FD, Coyle PK. Seronegative chronic relapsing neuroborreliosis. Eur Neurol. 1995; 35:113-117.

26. Bayer ME, Zhang L, Bayer MH. Borrelia burgdorferi DNA in the urine of treated patients with chronic Lyme disease symptoms. A PCR study of 97 cases. Infection. 1996; 24:347-353.

27. Nocton JJ, Bloom BJ, Rutledge BJ, Persing DH, Logigian EL, Schmid CH, Steere AC. Detection of Borrelia burgdorferi DNA by polymerase chain reaction in cerebrospinal fluid in Lyme neuroborreliosis. J Infect Dis. 1996; 174:623-627.

28. Hassler D, Zorn J, Zöller L, Neuss M, Weyand C, Goronzy J, Born IA, Preac-Mursic V. Nodular panniculitis: a manifestation of Lyme borreliosis? Hautarzt. 1992; 43(3): 134-8.

29. Li X, McHugh GA, Damle N, Sikand VJ, Glickstein L, Steere AC. Arthritis & Rheumatism. 2011; 63:2238-47

Zitat

Gegen eine chronische Lyme-Borreliose sprechen die in den Leitlinien aufgeführten Publikationen mit dem

Ergebnis, dass eine prolongierte antibiotische Therapie nicht hilfreich war (Klempner et al. 2001, Berende et al, 2016).

Kommentierung

Das Versagen der antibiotischen Behandlung bei der Lyme-Borreliose im Spätstadium ist durch zahlreiche Publikationen belegt. Die Literatur zeigt, dass trotz oft mehrfacher antibiotischer Nachbehandlung der Erreger (Bb) persistiert und die klinische Symptomatik nicht beeinflusst wird. In der Leitlinie wird die Ansicht geäußert, dass die ausbleibende Besserung des Krankheitszustandes bei antibiotischer Behandlung oder Nachbehandlung signalisiert, dass keine infektiöse Krankheit mehr vorliegt, andernfalls müsste eine antibiotische Behandlung wirksam sein. Dabei wird implizit angenommen, dass eine antibiotische Behandlung nach Standard (entsprechend den Leitlinien) die Beseitigung einer Lyme-Borreliose gewissermaßen garantiert. Eine solche Annahme lässt sich durch Literatur nicht belegen. Vielmehr ist die Persistenz der Lyme-Borreliose (chronische Lyme-Borreliose) in zahlreichen Studien belegt und dies durch Krankheitsbeweis mittels Erregernachweis (Tab. 1).

Voraussetzung für eine jegliche antibiotische Behandlung ist selbstverständlich eine ausreichend gesicherte Lyme-Borreliose im Spätstadium.

Die Diagnose der Lyme-Borreliose im Spätstadium stützt sich auf Anamnese, körperlichen Untersuchungsbefund, Vorbefunde und vorausgehende Arztberichte, Krankheitsverlauf, durchgeführte Behandlungen und deren Effizienz sowie vor allem auf die Differentialdiagnose.

Besonders problematisch ist die Behauptung in der Leitlinie, dass eine prolongierte antibiotische Therapie nicht hilfreich sei. Bezug genommen wird auch auf die Arbeit von Berende et al, 2016. Zu dieser Studie (PLEASE) und zur Problematik der antibiotischen Behandlung generell wird wegen der besonderen Bedeutung der Angelegenheit ausführlich Stellung genommen. Die Studie Berende et al, 2016 wird zunächst epikritisch dargestellt.

Berende A, Hadewych JH, ter Hofstede MD, Fidel J, van Middendorp H, Bogelser ML, Tromp M, van den Hoogen FH, Donders ART, Evers AWM, Kullberg BJ. Randomized Trial of Longer-Term Therapy for Symptoms Attributed to Lyme Disease. N Engl J Med 2016; 374:1209-20.

Bei der Studie handelt es sich um die so genannte „PLEASE" (persistant Lyme empiric antibiotic study Europe). Gegenstand der Studie war die Überprüfung, ob eine antibiotische Langzeibehandlung bei persistierenden Symptomen, die einer Lyme-Borreliose zugeordnet wurden, Vorteile gegenüber der üblichen Behandlung nach Standard (entsprechend den Empfehlungen der Leitlinien) erbringt. Bezüglich des Design zeigen sich Ähnlichkeiten zu der Studie von Klempner et al. 2001. In beiden Studien wurde zunächst mit Ceftriaxon und nachfolgend mit einem oralen Antibiotikum behandelt. In PLEASE wurden Ceftriaxon für zwei Wochen und nachfolgend orale Antibiotika

(Doxycyclin bzw. Clarithormycin + Hydroxychloroquin) für zwölf Wochen eingesetzt. Die Autoren der PLEASE vertreten die Ansicht, dass die erhobenen Daten die Wirkungslosigkeit einer antibiotischen Langzeitbehandlung belegen. Tatsächlich wurde im Wesentlichen jedoch die grundsätzliche Unwirksamkeit der Antibiotika Doxycyclin bzw. Clarithromycin + Hydroxychloroquin bei der Lyme-Borreliose im Spätstadium bestätigt. Beide Behandlungsregime sind bei der Lyme-Borreliose im Spätstadium ungeeignet. Die Einzelheiten der Studie werden im Folgenden wiedergegeben.

Hintergrund

Bei der Lyme-Borreliose im Spätstadium führt eine antibiotische Behandlung nach Standard (entsprechend den internationalen und nationalen Leitlinien) in einem Teil der Fälle zu keiner Besserung der Beschwerdesymptomatik. Die Studie sollte daher klären, ob in Abweichung von den Leitlinien eine antibiotische Langzeitbehandlung therapeutische Vorteile bietet.

Methode

Randomisierte, doppelblind, Placebo-kontrollierte Studie bei europäischen Patienten mit persistierenden Symptomen, die auf eine Lyme-Borreliose zurückgeführt wurden.

Die Diagnose stützte sich auf eine vorübergehende bewiesene Lyme-Borreliose oder eine begleitende positive Serologie. Die (vorbehandelten) Patienten erhielten eine zweiwöchige Behandlung mit Ceftriaxon 2 g / Tag und anschließend orale antibiotische Behandlung für zwölf Wochen mit Doxycyclin 100 mg 2 x täglich bzw. Clarithromycin 500 mg + Hydroxychloroquin 200 mg 2 x täglich oder Placebo. Die primäre Untersuchung des Behandlungsergebnisses (outcome) betraf die Gesundheitsbezogene Lebensqualität, die mittels eines summarischen Scores der körperlichen Komponenten erfasst wurde (RAND-36). Die Untersuchungen erfolgten nach der zweiwöchigen Behandlung mit Ceftriaxon, zu Ende der anschließenden zwölfwöchigen Behandlung mit den oben genannten oralen Antibiotika bzw. nach Einsatz von Placebo.

Ergebnisse

280 Patienten. 86 Patienten behandelt mit Doxycyclin, 96 mit Clarithromycin + Hydroxychloroquin, 96 mit Placebo. Zu Ende der Behandlung unterschied sich der SF36-summary-score bei den 3 Gruppen nicht signifikant.

Schlussfolgerung

Bei Patienten mit persistierenden Symptomen, bezogen auf Lyme-Borreliose, führt eine antibiotische Langzeitbehandlung zu keinem therapeutischen Vorteil.

Probanden-Auswahl

Patienten aus den Niederlanden. Dauer der Studie 2010 bis 2013.

Einschlusskriterien

Persistierende Symptome, die auf eine Lyme-Borreliose bezogen wurden:

-Muskelskelettschmerzen

-Arthritis

-Arthralgien

-Neuralgien

-Sensibilitätsstörungen

-Dysästhesien

-Neuropsychologische Störungen

-Kognitive Störungen

-Fatigue

Symptome waren zeitweise bei bestehendem Erythema migrans vorhanden Symptome bestanden bei bewiesener Lyme-Borreliose (ohne EM) Symptome waren begleitet von positiver Serologie

Ausgangsdaten

(Anm. d. Verf.: Die Häufigkeit der nachfolgenden Daten war in den 3 Gruppen, d.h. in der Doxycyclin-Gruppe, Clarithromycin-Hydroxychloroquin-Gruppe und in der Placebo-Gruppe annähernd gleich. Die kalkulierten Mittelwerte werden im Folgenden angegeben).

Arthralgie 85 Prozent

Muskelskelettschmerzen 75 Prozent

Sensibilitätsstörungen 75 Prozent

Neuralgie 15 Prozent

Neurokognitive Symptome 80 Prozent

Fatigue 90 Prozent

Dauer der Symptome 2,5 Jahre (durchschnittlich)

Anamnestisch Hinweis auf Zeckenstich 55 Prozent

Erythema migrans 28 Prozent

Acrodermatitis chronica atrophicans 1 Prozent

Meningoradikulitis 5 Prozent

Vorausgehende antibiotische Behandlung und Serologie

Dauer der antibiotischen Vorbehandlung 35 Tage

Anzahl der antibiotischen Zyklen 2

Intravenöse Behandlung bei 15 Prozent Seropositivität

IgM 30 Prozent

IgG 60 Prozent

RAND SF-36 score

(Bereich 15 – 61 (Normwert der gesunden Bevölkerung 50))

Körperlicher Zustand 31

Mentaler Zustand 37

Körperliche Funktion 38

Schmerzen 37

Generalisierter Gesundheitszustand 35

Sozialfunktionen 33

Vitalität 38

Fatigue 44

(Anm. d. Verf.: Es bestand also eine mäßiggradige Beschwerdesymptomatik bei allen drei untersuchten Gruppen. Eine Änderung wurde durch die Behandlung mittels Ceftriaxon und anschließender oraler antibiotischen Behandlung nicht erreicht. Unterschiede zur Placebo-Gruppe ergaben sich nicht.

Ceftriaxon wirkt nur im Extrazellularraum und erreicht Bb nicht bei intrazellulärer Lokalisation. Grundsätzlich ist festzustellen, dass keine evidenzbasierten Studien zur Effizienz verschiedener Antibiotika bei der Lyme-Borreliose im Spätstadium vorliegen. Doxycyclin und Clarithromycin sind zur Behandlung der Lyme-Borreliose im Spätstadium nicht geeignet. Beide Substanzen sind nicht liquorgängig und erreichen somit nicht den Krankheitserreger im zentralen Nervensystem, ein wesentlicher Aufenthaltsort von Borrelia burgdorferi in der Spätphase. Zudem ist bekannt, dass Doxycyclin in vitro die Anzahl der spirochätalen Borrelien lediglich reduziert, andererseits die Anzahl Antibiotika-resistenter Formen (Round bodies, Persister) auf das dreifache erhöht. Nachgewiesen ist, dass sich aus solchen Persistern wieder normale spirochätale Bb entwickeln können. Die therapeutische Effizienz von Hydroxychloroquin auf Bb ist nicht belegt. Die vorliegende Studie prüft also tatsächlich die Effizienz von Ceftriaxon und eine anschließende orale antibiotische

Langzeitbehandlung mit Doxycyclin bzw. Clarithromycin bei der Lyme-Borreliose im Spätstadium. Wie zu erwarten, wurde durch diese beiden (unwirksamen) Medikamente keine Besserung der Beschwerdesymptomatik erzielt. Da unwirksame Medikamente zum Einsatz kamen, lässt die Studie keine generelle Aussage zur Effizienz einer antibiotischen Langzeitbehandlung zu)

Zitat

Viele Patienten, bei denen eine chronische Lyme-Borreliose (fälschlicherweise) diagnostiziert wurde, leiden an anderen Krankheiten. Viele haben medizinisch ungeklärte Symptome. Die Zusammenhänge sind unklar, daher wären Studien zur Differenzierung von großem Vorteil.

Kommentierung

Bei Beachtung der oben genannten diagnostischen Kriterien lässt sich bei den meisten Patienten eine Lyme-Borreliose im Spätstadium mit ausreichender Wahrscheinlichkeit, wenn nicht sogar Sicherheit stellen. Es sei erneut auf die Notwendigkeit der Differentialdiagnose verwiesen. Unverständlich ist die Argumentation, dass (niedergelassene) Ärzte bei einem gegebenen Krankheitszustand Fehldiagnosen stellen und fälschlicherweise den Krankheitszustand auf eine chronische Lyme-Borreliose zurückführen. Fehldiagnosen stellen einen ärztlichen Irrtum dar. Selbstverständlich ist die Benutzung des Begriffes „chronische Lyme-Borreliose" zur Bezeichnung einer Fehldiagnose unakzeptabel. Solche Überlegungen können jedoch nicht Grund sein, den wissenschaftlich belegten Krankheitszustand einer „chronischen Lyme-Borreliose" generell zu negieren.

Hautmanifestationen der Lyme-Borreliose

Zitat

Patienten mit einem Borrelien-Lymphozytom sollen (sinngemäß) wie ein Erythema migrans behandelt werden.

Kommentierung

Das Borrelien-Lymphozytom ist, wie das EM, eine Manifestation des Frühstadiums und kommt gelegentlich in Vergesellschaftung mit einem EM vor. Die Behandlung von Lymphozytom und EM ist identisch.

Behandlung Acrodermatitis chronica atrophicans

Zitat

Empfohlen wird eine orale antibiotische Behandlung für drei bis vier Wochen.

Kommentierung

Literaturhinweise erfolgen in diesem Zusammenhang nicht. Zu beachten ist in diesem Zusammenhang insbesondere die Publikation von Aberer et al, 1996 (26), aus der sich ergibt, dass die ACA bei einer erheblichen Zahl der Patienten nicht geheilt werden konnte.

Coinfektion bei Lyme-Borreliose

Kommentierung

Als mögliche Coinfektionen werden die Erreger Anaplasma phagozytophilum und Babesia microtii erwähnt. Typische Symptome und Behandlungsmöglichkeiten werden dargestellt.

Beurteilung

Der Entwurf der Leitlinie von IDSA, AAN und ACR zur Prävention, Diagnose und Behandlung der Lyme-Borreliose, 2019 weist zahlreiche Defizite auf, die im Folgenden benannt werden oder durch gegenteilige Empfehlungen oder Stellungnahme kommentiert werden:

- Fehlender Hinweis, dass für das Spätstadium der Lyme-Borreliose keine evidenzbasierte Literatur bezüglich Diagnostik und Therapie vorliegt - Nichtbeachtung biologischer Vorgänge bei Borrelia burgdorferi, die eine antibiotische Behandlung erschweren -Nichtbeachtung des Lymphozytentransformationstests im Zusammenhang mit LB

- Die antibiotische Behandlung des Frühstadiums der LB ist durch Literatur belegt, für das Spätstadium jedoch nicht. Die Behandlung des Frühstadiums wird (willkürlich) auf das Spätstadium übertragen

- Die Häufigkeit von Seropositivität im Spätstadium ist durch geeignete Literatur nicht belegt. Seropositivität bei der Lyme-Borreliose im Spätstadium stützt sich auf zwei methodologische Studien. Es gibt umfangreiche Literatur, die Seronegativität bei 30 % der Patienten im Spätstadium nachweisen, häufig bei Krankheitsbeweis durch Erregernachweis

- Zur Behandlung der LB werden verschiedene Antibiotika angeführt. Die Behandlungsprinzipien des Frühstadiums werden (willkürlich) auf das Spätstadium übertragen. Zur Behandlung der Lyme-Borreliose im Spätstadium liegen keine evidenzbasierten Studien vor. Doxycyclin ist nicht liquorgängig. Nur bei Störung der Blut-Hirn-Schranke infolge Meningitis werden ausreichende Konzentrationen von Doxycyclin im ZNS erreicht. Angaben zur Heilungsrate nach akuter Neuroborreliose nach antibiotischer Monotherapie werden nicht gemacht. Von anderer Seite (Deutsche Gesellschaft für Neurologie, Leitlinie 2017) wird die Qualität der Literatur zur antibiotischen Behandlung der akuten Lyme-Neuroborreliose als niedrig oder sehr niedrig bezeichnet:

- Die Behauptung, dass die Encephalopathie nicht auf einer Encephalitis beruht ist hypothetisch. Der häufige Nachweis von Marklagerläsionen im Gehirn beweist den cerebralen entzündlichen Prozess.

- Bei gesicherter Diagnose einer amyotrophen Lateralsklerose, einer schubförmigen MS, eines Morbus Parkinson, einer Demenz und cerebralen Anfällen ist zu prüfen, ob diese Diagnosen (meist auf der Basis diagnostischer Kriterien) gesichert sind. In unklaren Fällen ist Untersuchung auf Lyme-Borreliose indiziert:

- Cerebrale Marklagerläsionen sind ein häufiges Phänomen der LB, sie sind Ausdruck vorliegender oder abgelaufener lokaler Entzündungen. Bei Nachweis von Läsionen ist Untersuchung auf LB indiziert

- Der Zusammenhang zwischen LB und Demenz ist wissenschaftlich gesichert. Die Negierung des Zusammenhangs aufgrund einer Publikation aus 1989 ist nicht überzeugend. Durch jüngere Publikationen ist der pathophysiologische Zusammenhang belegt

- Der Zusammenhang zwischen LB und neuropsychiatrischen Erkrankungen ist in umfangreicher Literatur dargestellt

- Die Behandlung der akuten Lyme-Neuroborreliose mit Doxycyclin in einer einmaligen Tagesdosis ist unzureichend. Zudem wirkt Doxycyclin nur bei gestörter Blut-Hirn-Schranke infolge Meningitis. Der Krankheitsverlauf nach Behandlung einer akuten Neuroborreliose mit Doxycyclin ist in der Literatur nicht ausreichend dargestellt

- Bei Lyme-Borreliose sollte grundsätzlich ein EKG abgeleitet werden, um Störungen im Erregungsleitungssystem auszuschließen, insbesondere da der Aufwand für ein EKG nur gering ist

- Der signifikante Nachweis von IgM AK ist für die stattgehabte Infektion beweisend. Das Fehlen von IgG AK ist kein Grund, die Diagnose einer Lyme-Arthritis in Frage zu stellen. Die gegenteilige Annahme wird in der LL nicht dargestellt und durch Literatur nicht belegt

- Eine erfolgreiche antibiotische Behandlung der Lyme-Arthritis bedeutet nicht die Beseitigung der LB. In der LL wird die Studie von Steere et al, 1994 zitiert, die bei einem Teil der Patienten Erkrankung an einer Neuroborreliose nach erfolgreicher Behandlung der LB-Arthritis belegen

- Eine antibiotische Nachbehandlung bei therapieresistenter LB-Arthritis mit Ceftriaxon (statt Doxycyclin) lässt sich wegen fehlender Literatur nicht belegen

- Für die Behauptung, dass eine Langzeitbehandlung bei LB-Arthritis nicht effektiv sei, liegt keine Literatur vor

- Trotz antibiotischer Behandlung können Symptome der LB persistieren, nach der in der LL zitierten Publikation von Shadick et al, 1994 war dies bei 30 % der Patienten der Fall. Die Autoren schlussfolgerten, dass eine disseminierte Lyme Krankheit zu einer lang anhaltenden Morbidität führen kann trotz antibiotischen Nachbehandlungen

- Die Lyme-Borreliose im Spätstadium beruht auf einer persistierenden Infektion (chronische Lyme-Borreliose). Die Begriffe sind faktisch identisch. In umfangreicher Literatur wurde die Persistenz der Infektion (chronische Lyme-Borreliose) mit der Symptomatik einer Lyme-Borreliose im Spätstadium selbst nach wiederholter antibiotischer Behandlung durch Erregernachweis bewiesen

- Die chronische Borreliose und die Lyme-Borreliose im Spätstadium sind durch umfangreiche Literatur belegt

- Die Behauptung in der LL, dass eine Lyme-Borreliose im Spätstadium durch antibiotische Nachbehandlung (unter Garantie) eliminiert werden kann, lässt sich wissenschaftlich nicht belegen. In der LL wird auf Fallstudien Bezug genommen, bei denen für verschiedene Zeitabschnitte, jeweils nur mit einem Antibiotikum behandelt wurde (Monotherapie). Da die vermeintlich „Heilunggarantierende" antibiotische Langzeitbehandlung ineffektiv war, wurde die Existenz einer Lyme-Borreliose im Spätstadium verneint

- Die Diagnose der Lyme-Borreliose im Spätstadium stützt sich auf Anamnese, körperlichen Untersuchungsbefund, medizinisch-technische Vorbefunde, vorausgehende Arztberichte, Krankheitsverlauf, durchgeführte Behandlungen und deren Effizienz sowie vor allem auf die Differentialdiagnose

- Der Begriff „chronische Lyme-Borreliose" wird in der LL negiert, da er angeblich oft bei Krankheiten ungeklärter Ursache (Fehldiagnosen) willkürlich verwendet wird. Selbstverständlich kann eine chronische Lyme-Borreliose nur dann angenommen werden, wenn die oben genannte diagnostische Analyse zu einer ausreichend sicheren Diagnose einer chronischen Lyme-Borreliose führt

- Die Behandlung der Acrodermatitis chronica atrophicans durch orale Antibiotika für drei bis vier Wochen lässt sich durch Literatur nicht belegen, nach Aberer et al, 1996 ist mit einer erheblichen Versagerquote zu rechnen.

Schlussbemerkung

Der wesentliche Mangel der Leitlinie ist die grundsätzliche Negierung einer chronischen Lyme-Borreliose, also einer persistierenden Infektion mit der klinischen Ausprägung einer Lyme-Borreliose im Spätstadium. Diese Einschätzung, die offensichtlich Einfluss auf zahlreiche andere Leitlinien hat, ist absurd, wissenschaftlich nicht begründbar, politisch und moralisch fragwürdig. Das Hauptproblem der Lyme-Borreliose in Gestalt einer Chronifizierung und die in diesem Zusammenhang erheblichen Probleme hinsichtlich Diagnose und Therapie werden in der Leitlinie ignoriert oder bagatellisiert, obwohl seit Entdeckung der Erkrankung der chronische Krankheitsverlauf in der Literatur eindeutig beschrieben ist. Die Diskussion betrifft in wesentlichen Bereichen schon seit längerer Zeit nicht die medizinische Problematik, sondern zielt auf eine systematische Verharmlosung der Erkrankung, insbesondere in ihrer chronischen Verlaufsform ab.

Literaturverzeichnis

1. Steere AC, McHugh G, Damle N, Sikand VK. Prospective study of serologic tests for lyme disease. Clin Infect Dis 2008; 47(2):188-95.

2. Leitlinie "Neuroborreliose" der Deutschen Gesellschaft für Neurologie, 2017, Leitlinienreport, Dissensbericht, www.dgn.org.

3. Andersson H, Alestig K. The penetration of doxycycline into CSF. Scnad J Infect Dis Suppl. 1976; (9):17-9.

4. Dotevall L und Hagberg L. Penetration of doxycycline into cerebrospinal fluid in patients treated for suspected Lyme neuroborreliosis. Antimicrob Agents Chemother. 1989; 33(7):1078-80.

5. Karlsson M, Hammers S, Nilsson-Ehle I, Malmborg AS, Wretlind B. Concentrations of doxycycline and penicillin G in sera and cerebrospinal fluid of patients treated for neuroborreliosis. Antimicrob Agents Chemother. 1996; 40(5):1104-7.

6. Halperin J, Shapiro ED, Logigian E, Belman AL, Dotevall L, Wormser GP, Krupp L, Gronseth G, Bever CT Jr. Quality Standards Subcommittee of the American Academy of Neurology. Report of quality standards subcommittee of the America Academy of Neurology. Neurology. 2007; 69:91-103.

7. Karkkonen K, Stiernstedt SG, Karlsson M. Follow-up patients treated with oral doxycycline for Lyme neuroborreliosis. Scand J Infect Dis. 2001; 33:259-262.

8. Agosta F, Rocca MA, Benedetti B, Capra R, Cordioli C, Filippi M. MR imaging assessment of brain and cervical cc damage in patients with neuroborreliosis. AJNR Am J Neuroradiol. 2006; 27(4):892-4.

9. Fernandez RE, Rothberg M, Ferencz G, Wujack D. Lyme disease of the CNS: MR imaging findings in 14 cases. AJNR Am J Neuroradiol. 1990; 11(3):479-81.

10. Logigian EL, Kaplan RF, Steere AC. Chronic neurologic manifestations of Lyme disease. N Engl J Med. 1990; 323(21):1438-44.

11. Belman AL, Coyle PK, Roque C, Cantos E. MRI findings in children infected by Borrelia burgdorferi. Pediatr Neurol. 1992; 8(6):428-31.

12. Krüger H, Heim E, Schuknecht B, Scholz S. Acute and chronic neuroborreliosis with and without CNS involvement: a clinical, MRI, and HLA study of 27 cases. J Neurol. 1991; 238(5):271-80.

13. Aalto A, Sjöwall J, Davidsson L, Forsberg P, Smodby O. Brain magnetic resonance imaging doe4s not contribute to the diagnosis of chronic neuroborreliosis. Acta Radio. 2007; 48(7):755-62.

14. Miklossy J. Emerging roles of pathogens in Alzheimer disease. J. Expert Rev Mol Med. 2011; 12:e30.

15. Miklossy J, Kasas S, Zurn AD, McCall S, Yu S, McGeer. Persisting atypical and cystic forms of Borrelia burgdorferi and local inflammation in Lyme neuroborreliosis. PL. Journal of Neuroinflammation. 2008; 5:40.

16. Blanc F, Philippi N, Cretin B, Kleitz C, Berly L, Jung B, Kremer S, Namer IJ, Sellal F, Jaulhac B, de Seze J. Lyme neuroborreliosis and dementia. Alzheimers Dis. 2014; 41(4):1087-93.

17. Miklossy J. Preface: Chronic inflammation and amyloidogenesis in Alzheimer's disease – role of spirochetes. J Alzheimer dis. 2008; 13(4):381-91.

18. Fallon BA und Nields JA. Lyme Disease: A Neuropsychiatric Illness. Am J Psychiatry. 1994; 151:1571-1583.

19. Tager FA, Fallon BA, Keilp J, Rissenberg M, Jones CR, Liebowitz M. A controlled study of cognitive deficits in children with chronic Lyme disease. J Neuropsychiatry Clin Neurosci. 2001; 13(4):500-7.

20. Fallon BA, Kochevar JM, Gaito A, Nields JA. The under-diagnosis of neuropsychiatric Lyme disease in children and adults. Pschiatr Clin North Am. 1998; 21(3):693-703.

21. Gaudino EA, Coyle PK, Krupp LB. Post-Lyme syndrome and chronic fatigue syndrome. Neuropsychiatric similarities and differences. Arch Neurol. 1997; 54(11):1372-6.

22. Shadick NA, Phillips CB, Logigian EL, Steere AC, Kaplan RF, Berardi VP, Duray PH, Larson MG, Wright EA, Ginsburg KS, Katz JN, Liang MH. The long-term clinical outcomes of Lyme disease. A population-based retrospective cohort study. Ann Intern Med. 1994; 121(8):560-7.

23. Nowakowski J, Nadelman RB, Sell R, McKenna D, Cavaliere LF, Holmgren D, Gaidici A, Wormser GP. Long-term follow-up of patients with culture-confirmed Lyme disease. Am J Med. 2003; 115(2):91-6.

24. Wormser GP, Weithner E, McKenna D, Nadelman RB, Scavarda C, Nowakowski J. Long-term assessment of fatigue in patients with cultureconfirmed Lyme disease. Am J Med. 2015; 128(2):181-4.

25. Wills AB, Spaulding AB, Adjemian J, Prevots DR, Turk SP, Williams C, Marques A. Long-term Follow-up of Patients With Lyme Disease: Longitudinal Analysis of Clinical and Quality-of-life Measures. Clin Infect Dis. 2016; 62(12):1546-1551.

26. Aberer E, Breier F, Stanek G, Schmidt B. Success and failure in the treatment of acrodermatitis chronica atrophicans. Infection. 1996; 24(1):85-7.

Kümmerer gebraucht

Wenn über Prof. Jürgen Schäfer geschrieben und interviewt wird, geht es meistens um kniffelige, auch seltene Krankheiten. Der Leiter des Zentrums für unerkannte und seltene Erkrankungen, Marburg, beschrieb in seinem Buch „Die Krankheits-Ermittler", wie er bei einem Patienten detektivisch zur Diagnose Borreliose kam. Über 30 Seiten und gleich als erstes Kapitel zeigen seine „Ermittlungen", dass es nicht nur und ausschließlich um Labor-Analysen geht, sondern um Zeit.

Zeit, so Schäfer wörtlich, ist in der Medizin ein ganz wichtiges, derzeit aber knappes Gut". Uns sind etliche Patienten bekannt, die mangels Antikörper-Nachweis oder nicht eindeutigem Liquor seit vielen Jahren zwar unter typischen Borreliose-Symptomen leiden, sich sogar an Zeckenstich und Wanderröte erinnern konnten, aber trotzdem weder Behandlung noch Aufmerksamkeit von ihren Ärzten erfuhren. Einige stehen mit ihren Krankenakten auch in den Archiven von Prof. Schäfer. Täglich kommen im Schnitt sechs Stück. Sie addieren sich in einem Jahr auf Tausend. Über 8.000 Anfragen waren es seit Gründung des Zentrums vor zehn Jahren.

Borreliose ist keine seltene und auch keine unbekannte Krankheit, auf die sich dieses Zentrum konzentriert. Insgesamt 33 derartige Zentren gibt es, unter anderem in Aachen, Bonn, Düsseldorf, Essen, Frankfurt, Hamburg, Hannover, Heidelberg, Jena, Köln, Mainz, München, Regensburg, Tübingen, Ulm, Wiesbaden. Schäfer: „für alles, was man nicht einem bestimmten Schwerpunkt zuordnen kann, braucht man diese Zentren als Lückenfüller und die entsprechenden Kümmerer. Manchmal auch für Borreliose.

MH Plus Betriebskrankenkasse

Der betreffende Versicherte, Borreliose-Patient, wird seit drei Jahren in der Schmerzambulanz des Universitätskrankenhauses Hamburg-Eppendorf behandelt. Viele Medikamente muss er bereits selbst zahlen. Eine Schmerzsalbe, für die er seit Längerem ein Rezept erhielt (circa 50 Euro pro Monat) wurde ihm von der Apothekerin nicht mehr gegeben werden. Grund: Die Kasse habe die Salbe schon die letzten sechs Monate nicht bezahlt. Angeblich weil auf dem Rezept nicht stand, wie oft sie täglich angewendet werden dürfe. Ihm hatte man gesagt: „nach Bedarf". Sie hat ihm gut geholfen. Auf seinen Antrag zur Kostenübernahme reichte die Krankenkasse nun seinen Antrag an den MDK (Medizinischer Dienst der Krankenkasse) zur Begutachtung ein. Ausgang unklar.

Wie funktioniert das ärztliche Budget?

Wer hat`s erfunden? Horst Lorenz Seehofer, derzeitiger Innenminister, von 1992 bis 1998 Gesundheitsministern. Und das geht so: Aus der Vergangenheit des Leistungsbedarf wird eine Summe errechnet, die die Krankenkassen im Vorhinein an die Kassenärztliche Bundesvereinigung zahlen. Wenn in Wirklichkeit mehr Leistungen anfallen, als vorausberechnet, wird dieses Budget trotzdem auf mehr Leistungsträger verteilt, als ursprünglich geplant. Damit ist praktisch jeder Arzt angehalten, mit seinem „gedachten" Budget auszukommen. Leistet er mehr und erzeugt er mehr Gesundheitskosten, ist er der Dumme. Leistet er bewusst weniger, ist er im Zweifelsfall auch der Dumme, wenn andere Ärzte mehr Leistungen abrechnen. Der Budget-Kuchen wird fast nach dem Gießkannenprinzip verteilt. Zusatzhäppchen gab und gibt es derzeit noch, wenn man Diagnosen abrechnet, die im Modell Morbi-RSA (Morbiditäts-Risikostrukturausgleich) enthalten sind. Das sind 80 Krankheiten, die angeblich besonders hohe Kosten erzeugen. Borreliose ist darin nicht enthalten, aber mehrere Fehldiagnosen der Borreliose: zum Beispiel Depression, Multiple Sklerose, Neuropathie. Weil offensichtlich wurde, dass Diagnosen auch unter Einwirkung verschiedener Krankenkassen RSA-tauglich geschönt wurden, wird der Morbi-RSA derzeit überarbeitet. Gesundheitsminister Spahn hat es zumindest angekündigt, dass es dann derartige Fehlanreize nicht mehr geben wird. Siehe auch Seite….

Lyme-Borreliose macht arm

Im Juli dieses Jahres berichtete die amerikanische Organisation LymeDisease.org von einer Umfrage bei 198 Patienten aus den Jahren 2018 und 2019, die von IGeneX, einem führenden Testlabor in Kalifornien, getestet wurden. Fast 36 Prozent der Patienten mit einer durch Zecken übertragenen Krankheit mussten mehr als 10.000 US-Dollar für Tests, Behandlungen und andere mit ihrer Krankheit verbundenen Kosten ausgeben.

Weitere frappierende Zahlen aus jener Umfrage:

- 45 Prozent der Patienten benötigten mehr als drei Jahre, um die richtige Diagnose zu erhalten

- 65 Prozent der Patienten mussten auf Grund ihrer Symptome einen Arbeitsplatz kündigen oder ihre Arbeitszeit verkürzen

- 24 Prozent der Patienten suchten mehr als zehn Ärzte auf, bevor sie die Diagnose erhielten.

- 86 Prozent der Patienten leiden noch heute unter langfristigen Nebenwirkungen, weil sie nicht früher diagnostiziert wurden.

Dr. Jyotsna Shah, Präsident von IGeneX: „Wenn eine durch Zecken übertragene Krankheit falsch diagnostiziert wird, hat die krankheitsverursachende Infektion mehr Zeit, sich auszubreiten, was zu schwerwiegenden und chronischen Gesundheitsproblemen führen kann. Aus unserer Sicht werden viele Patienten übersehen, weil ein Großteil der Hausärzte Tests durchführt, desren Technologien aus der Zeit von vor 25 Jahren basiert. In Deutschland kommt hinzu, dass die KVen ihren Ärzten vorschreiben, welche Art von Test sie abgerechnet bekommen und welchen nicht. Noch immer nicht sind jene Tests standardisiert und man kann mit dem gleichen Blut in einem Labor hochpositiv und in einem anderen total negativ getestet werden. Leider ist dies den meisten Ärzten nicht bekannt. Sie interessieren sich nicht für den Typ Test, den sie beauftragen und dessen Qualität, kranke Menschen zu detektieren. Und die Labore verschweigen es.

Diagnose Myokarditis

Der Bericht über die Torfrau des Frauenhandball-Zweitligisten FSV Mainz 05 ließ uns nicht mehr los. Die hübsche blonde 25jährige hatte dem Reporter so viel erzählt, dass die Alarmglocken so laut zu läuten begannen, dass es nicht mehr zu ertragen war. Von einer Myokarditis war hier die Rede, also eine Herzmuskelentzündung. Begonnen hatte alles mit klassischem Unwohlsein, Schlappheit, Rückenschmerzen. Doch sie trainierte weiter. Plötzlich tat ihr alles weh, vor allem Glieder- und Gelenkschmerzen. Im Blutbild wurden extrem hohe Entzündungswerte festgestellt. Nach einer zehntätigen Antibiotika-Behandlung (häufig als Antibiotika-Kur bezeichnet), ging es ihr deutlich besser. Das EKG war nur leicht negativ. Das kennen wir; bei den meisten sind es ganz normale Werte. Im Herz-MRT fand man jedoch „Flüssigkeit im Herzbeutel", also ein sogenannte Pericarderguss. Der ist bekannt bei Borreliose-Schüben, auch aus eigener Erfahrung. Anfang der 90er Jahre konnte damit kaum jemand etwas anfangen, nur wenige Ärzte, die den Erguss im Rhythmus wiederkehrender Borreliose-Beschwerden auf- und abflackern sahen.

Die Myokarditis entstehe häufig durch eine übergangene Erkältung, einen Infekt, der bakterielle (!) oder virale Ursachen haben könne. Ja. Ja. Könne. Würde. Sollte.

Kristin Schäfer, so heißt die junge Frau, versucht nun, sich zu erholen. Zu 95 Prozent heile die Myokarditis von selbst wieder ab, schreibt Reporter Roland Hessel. Wenn Borreliose die Ursache wäre, würde vermutlich nichts von selbst wieder abheilen. Aber wenn es Borreliose wäre, hätte Kristin Schäfer eine reelle Chance, die Ursache aktiv behandeln zu lassen, als auf ein Heilungswunder zu hoffen. Gut, es kann auch keine Borreliose gewesen sein. Obwohl: Borreliose wäre in diesem Fall vermutlich das geringere Übel. Weil man etwas dagegen unternehmen kann.

Nico Karger

Schlagzeilen über den Außenangreifer beim Fußball-

verein TSV München von 1860 erzählen dem Borreliose-Kundigen eine Schicksalsgeschichte. Auch ihn baten wir vergeblich um ein Gespräch. Nun mag sich jeder seinen eigenen Reim daraus machen. Karger ist Jahrgang 1993; heute also 26 Jahre alt.

09.03.2018
1860 München: Ohne Karger gegen Seligenporten

Tor. Nico Karger hat eine Riesenbeule am Schienbein. Angeblich sei er beim Spiel umgetreten worden.

14.03.2018
Schon wieder das Knie: Karger vor langer Zwangspause?

Gerade erst ist er nach seiner Kapselverletzung im rechten Knie zurückgekehrt. Sein Trainer: „Ich kann in das Knie nicht reinschauen und weiß deshalb nicht, was er hat."

29.08.2018
Herzprobleme: Sorgen um 1860-Stürmer Karger - er hatte schon einmal damit zu kämpfen

Gleich zu Beginn des Trainings fasste sich Karger an die Brust und verließ den Platz. Es sei ihm schummrig geworden und er habe Herz-Kreislaufprobleme, heißt es von seinem Sportarzt.

30.08.2018
Karger spüre einen ganz komischen Herzschlag. Nach der kardiologischen Untersuchung: Es wurden keine abnormen Werte gefunden.

22.01.2019
Karger spricht mit einem Reporter über „seine Vorgeschichte". Er sei 2014 mit Borreliose viel zu spät ins Krankenhaus gekommen und habe acht Tage auf der Intensivstation gelegen. Der mittlere Teil seines Herzens habe nicht mehr gearbeitet. Bei den jährlichen

kardiologischen Untersuchungen vor Saisonstart waren keine Auffälligkeiten bei Karger festgestellt worden.

11.04.2019
1860 kann hoffen, Karger trainiert wieder

05.07.2019
Schock-Diagnose: Nico Karger fällt längere Zeit aus. Muskelverletzung im Beckenbereich

Und was wurde aus Alex Meier?

Als „Fußballgott" bezeichneten ihn viele Fans von Eintracht Frankfurt. Über zehn Jahre war er das Idol; 2015 mit 19 Toren sogar Torschützenkönig der Bun-

desliga. 2017 verletzte er sich angeblich beim Joggen und musste mehrmals am Fuß operiert werden. Außerdem habe er auch eine Borreliose, war zu lesen. Vergeblich versuchten wir, Kontakt aufzunehmen. Keine Reaktion. Was soll das auch: Eine Frau Fischer will Rat spenden! Wozu hat man einen Mannschaftsarzt. Maier kam tatsächlich wieder ins Spiel. Am 5. Mai 2018 erzielte er in der Nachspielzeit gegen den Hamburger SV den 3:0-Endstand. Danach gewann er mit der Eintracht auch noch den DFB-Pokal nach einem 3:1-Finalsieg gegen den FC Bayern München. Ende Mai gab die Eintracht bekannt, dass sie den zum 30. Juni 2018 auslaufenden Vertrag nicht verlängern wolle. Ein Fußballgott wurde in die Wüste geschickt. Nach sechs Monaten ohne Verein heuerte er im Januar 2019 beim FC St. Pauli für eine Saison an. Karriereausklang in Australien bei den Western Sydney Wanderers. Jahrgang 1983. Aus.

Nummer Zwei im Golf hat Borreliose

Die gebürtige Düsseldorferin Sandra Gal, die deutsche Nummer Zwei im Internationalen Golf-Geschehen (weltweit Nummer 128), fällt den Rest der Saison 2019 aus. Grund: Lyme-Borreliose. Bereits seit den US Women Open 2018 fühle sich die 34-jährige nicht im Vollbesitz der Kräfte, meldete die Plattform www.golfpost.de im September. Sie habe unter diese Saison einen Schlussstrich gezogen. Gegenüber der Ladies

Professional Golf Association (LPGA) beschrieb die Golferin ihre gesundheitlichen Beeinträchtigungen: „Ich wollte vor einem Turnier üben, hatte auch bestimmte Vorstellungen davon, was ich auf dem Golfplatz machen wollte, aber ich war nicht in der Lage dazu. Ich hatte das Gefühl, nicht ich selbst zu sein".

Die LPGA Tour ist eine nordamerikanische Turnierserie im professionellen Damengolf, die von Februar bis November wöchentlich ausgetragen wird und ein Preisgeld von insgesamt über 50 Millionen Dollar generiert. Gal verpasste bereits von neun Starts ganze sechs Cuts.

Zurück auf die Bühne: Avril Lavigne

Mit Avril Lavigne kehrt einer der größten Popstars und Idole das 21. Jahrhunderts zurück auf die Bühne. Mit ihrem aktuellen Album „Head Above Water" kommt die Kanadierin auf ihrer Welttournee im März 2020 nach Deutschland. Lange Zeit sah es so aus, als sei die hochdekorierte Künstlerin (73 Gold-, 174 Platin-, 6 Diamant-Awards), nie wieder auf der Bühne zu sehen.

Zwei Jahre lag sie mit Lyme-Borreliose ans Bett gefesselt und rechnet mit ihrem Tod. Nun ist sie auf Welttournee und feiert ihre Neugeburt mit einem Album, in dessen Texten sie auch ihre Borreliose-Erkrankung verarbeitete. Von jedem verkauften Ticket spendet sie 2 Euro in die von ihr gegründete Avril Lavigne Foundation, die sich in den USA um Menschen mit Lyme-Borreliose kümmert. Hier der Tourplan 2020 für Deutschland: 19. März: Stadthalle Offenbach, 28. März: Columbiahalle Berlin, 29. März: Palladium Köln, 30. März: Zenith München.

Brigitte Zypries

Immer zufällig nach oben gefallen

Als der BFBD 2008 die SPD-Politikerin als Justizministerin schriftlich um Unterstützung bei der politischen Handhabe von Borreliose in Deutschland um ein Gespräch bat, hatte Zypries nicht mehr anzubieten, als jenen Brief an die damalige Gesundheitsministerin Ulla Schmidt und die Patientenbeauftragte Kühn-Mengel weiterzuleiten. Beide waren natürlich längst gebrieft. Zypries Ablehnung für ein Gespräch war aber ganz lausiger Art. Begründung: Ihr Wahlkreis endete ziemlich punktgenau 500 Meter vor der damaligen Geschäftsstelle des BFBD. Wegen dieser Distanz erlosch ihr kommunalpolitisches Interesse, das erst drei Jahre vorher eher zufällig zustande gekommen war. Das Mandat des Darmstädter Abge-

ordneten Walter Hoffmann war freigeworden. Er wollte Oberbürgermeister in Darmstadt werden. Die gebürtige Kasslerin Zypries suchte 2005 als Seiteneinsteigerin einen Wahlkreis, um sich überhaupt ein Bundestagsmandat abzusichern. Hoffmann und Zypries liefen sich vielleicht zufällig über den Weg. So konstruierte die SPD Darmstadt aus einer weitläufigen Verwandtschaft in Südhessen eine Heimatverbundenheit, die sich allerdings in den laufenden Jahren als nicht tragbar erwies. Als Zypries nach sieben Jahren ihr Amt als Justizministerin an Sabine Leutheusser-Schnarrenberger abgeben musste und sie die Bedeutungslosigkeit in der vierten Reihe hinter Steinmeier, Oppermann und Müntefering einholte, war es wiederum Nordhessen, genauer Kassel, wo sie ihren Golf abholte. Auch in Darmstadt gibt es Autohäuser.

2012. „Ja, ich kandidiere", erklärte Zypries und wurde SPD-Vorsitzende im Unterbezirk Darmstadt. „Wir müssen mehr auf das hören, was die Menschen sagen", verlautbarte sie. Ab da ging sie jeden Sommer mit Darmstädtern auf Spaziergang, natürlich mit Pressefotografen. Und das war es wohl auch. Im September 2017 beschrieb das Darmstädter Echo das „desaströse Ergebnis" unter ihrer Führung: Die SPD landete unter 20 Prozent. Man erinnerte sich wieder, dass Zypries eigentlich nur zufällig politisch in Darmstadt gelandet war.

Ihre weitere Ministerkarriere begann, als Sigmar Gabriel 2017 Außenminister wurde und das Wirtschaftsministerium neu besetzt werden musste. Freilich nur für wenige Monate bis zur nächsten Wahl. Dann war Schluss mit Berlin. Zypries, inzwischen 64 Jahre alt, wollte künftig nicht mehr für den Bundestag kandidieren. Gleichwohl blieb sie aktiv im Darmstädter Stadtparlament. Im November 2018 wurde sie für Ihre Tätigkeit von den eigenen Parteigenossen kräftig abgestraft. Ihr sei es nicht um politische Inhalte gegangen, sondern vor allem um Selbstinszenierung. „Zypries habe selbst als Unterbezirksvorsitzende kein Interesse an einer inhaltlich-programmatischen Positionierung der SPD und einer aktiven Gestaltung von Parteipolitik in

Darmstadt gezeigt". Der gesamten SPD-Stadtverordnetenfraktion wurde „Unwissenheit, Faulheit und Ignoranz" vorgeworfen. Zypries wurde zum Rücktritt aufgefordert.

Im August dieses Jahres wurde dann bekannt, dass die nun 66jährige beim Hersteller von Schienenfahrzeugen Bombardier Transportation einsteigen werde. Die etwa 10.000 Euro Pension aus der Politik reichen anscheinend nicht. Als SPD-Bundesministerin hatte sie rund 18.000 Euro monatliches Gehalt empfangen. Schon als Wirtschaftsministerin konnte sie diese Kontakte knüpfen (O-Ton Spiegel). Aber da ist sie ja nicht die einzige, die ihr politisches Amt nützte, um auch nach dem Ausscheiden noch ein paar Schäfchen ins Trockene zu bringen. Für wen nur? Sie hat keine Kinder. Bei manchen Menschen passiert das allerdings auch „rein zufällig".

Nachwort: 2009 bedankte sich Zypries für die Zusendung der Zeitschrift Borreliose Wissen und den Hinweis auf den Erreger damit, dass sie (oh Wunder) entsprechend geimpft sei.

Das Geheimnis um Lyme-Borreliose und Biologische Waffen

Rezension von Astrid Breinlinger

Nein, dieses Buch ist nicht die Neuauflage einer Verschwörungstheorie, ausgewalzt auf 255 Seiten. Und Kris Newby behauptet auch nicht, dass Willy Burgdorfer durch Experimente das Borreliose-Bakterium erst geschaffen habe. Solche und weitere Vermutungen gibt es über den Inhalt des Buches von Leuten, die dieses Buch wohl nie gelesen haben.

Kris Newby ist investigative Journalistin und hat zum Thema Zecken schon den vielbeachteten Film Under our Skin gemacht. Sie ist sicher professionell genug, dass sie nicht einfach irgendwelche alten Geschichten ausschmückt. Dagegen hat sie in großem Umfang den beruflichen und privaten Nachlass von Willy Burgdorfer sowie zugängliche Dokumente gesichtet und ausgewertet. Was hat Kris Newby also wirklich geschrieben?

Das Buch geht zunächst detailliert dem Werdegang von Willy Burgdorfer nach, angefangen von seiner Herkunft aus einer eher armen Familie in Basel, die sich eine höhere Bildung ihres Sohnes eigentlich nicht leisten konnte, aber unbedingt wollte, dass er etwas Besseres wird. Und er studiert Zoologie, Parasitologie und Bakteriologie, macht Karriere, wenn auch gegen Widerstände, und schreibt seine Dissertation über den Erreger des afrikanischen Rückfallfiebers, Borrelia Duttoni. Schließlich bekommt er ein Angebot des US Public Health Service (später umbenannt in National Institut of Health, NIH), in einem Labor in Montana an der Erforschung des Rocky Mountain Spotted Fever zu arbeiten. Dort fing er kurz vor Weihnachten 1951 an. Das Labor war von Howard Ricketts gegründet worden, der die seit den 1880-er Jahren grassierende Seuche erforschen wollte. Nach ihm wurden die dazu gefundenen Bakterien Rickettia Rickettsii benannt. Das Labor diente deren Erforschung und der Entwicklung einer Impfung.

Ab 1953 wurde von den Amerikanern ein Programm zum Studium des Einsatzes von Arthropoden für die Verbreitung von Mitteln der biologischen Kriegsführung aufgebaut. Burgdorfer nahm im Juli 1953 an einem Experiment im kanadischen Suffield teil, bei dem eine Herde Schafe durch freigesetzte Erreger getötet wurde. Newby hat sehr genau recherchiert, was im Weiteren der Beitrag von Burgdorfer war. Die Titel seiner Aufsätze, die er in den 50-er Jahren veröffentlichte, lauten zum Beispiel *„Artificial Feeding of Ixodid Ticks for Studies on the Transmission of Disease Agents"* (Zecken wurden massiv gefüttert mit Erregern wie Coxiella burnetii (Q Fieber), Bakterium tularense (Tularemia), Rickettsia prowazekii (Typhus), Leptospira pomona

(Leptospirose) u.a. , *"Experimental Studies on Argasid Ticks as Possible Vectors of Tularemia"*, *"Development of Rickettsia prowazekii in Certain Species of Ixodid Ticks"*, *„Experimental Infection of the African Relapsing Fever Tick…with Borrelia Latychevi"*, jeweils belegt mit den Veröffentlichungsangaben. Laut den Labornotizen von Burgdorfer, die Newby auswertete, befasste er sich auch mit Techniken, möglichst effizient Flöhe in Massen zu züchten, die über infiziertes Blut mit dem Erreger der Pest, Yersinia pestis, gefüttert wurden, und sie so in Behältern abzufüllen, dass sie über längere Distanzen am Leben blieben und nicht austrockneten, jedoch freigegeben wurden, wenn die Behälter zum Beispiel als Inhalt einer Bombe von einem Flugzeug abgeworfen wurden.

Newby berichtet immer wieder auch von der familiären Situation der inzwischen vierköpfigen Familie – Burgdorfer war anscheinend ängstlich darauf bedacht, immer ausreichend Geld zu verdienen und fest angestellt zu bleiben – nach Newby wohl der Grund, weshalb er trotz Gewissensbissen in seinem Job blieb.

Newby wertet weitere Hinweise aus, unter anderem ein Interview aus 2012 mit Tim Grey, einem Filmemacher, im Jahr 2005, das auf Video aufgenommen wurde. Die Äußerungen Burgdorfers hier sind erschreckend: Auf die Frage, ob Borrelia Burgdorferi das Potenzial für eine biologische Waffe hat, antwortet er mit Tränen in den Augen: „Looking at the data, it already has. If the organism stays within the system, you won`t even recognize what it is…We evaluated it." Weitere Aussagen aus anderen Interviews, zum Beispiel dem letzten, das

Newby mit Burgdorfer 2013 führte, lassen jedoch keinen eindeutigen Schluss zu, was damals eigentlich passiert ist: Ob Burgdorfer, der sicher in der Entwicklung von Biowaffen involviert war, mit Borrelien und anderen Bakterien und Viren „nur" experimentiert hat, auch hinsichtlich der „Kopplung" solcher Erreger, oder ob es einen „Unfall" gab, der zum Ausbruch der Epidemie um den Ort Lyme führte. Vielleicht gab es eine künstlich erzeugte Kombination von Erregern, was allzu leichte Entdeckung verhindern sollte. Vielleicht wurde der Erreger dadurch aber auch besonders gefährlich gemacht. Auch Newby kann hier nur vermuten. Und ob dieser Erreger tatsächlich derselbe ist, der in Lyme ausbrach, und ob er absichtlich oder versehentlich aus einem Labor in die Umwelt gelangte, weiß man immer noch nicht sicher. Allerdings legt Newby klar, dass sich aus den Labornotizen Burgdorfers aus 1981, dem Jahr der „Entdeckung" der Lyme Borreliose, ergibt, dass fast alle Patienten aus Lyme/Connecticut neben dem dann Borrelia burgdorferi genannten Erreger auch einen weiteren Erreger in sich trugen, der eine angeblich ungefährliche Variante von Rickettsia war, die jedoch nur in Europa vorkam (der von Burgdorfer sogenannte „Swiss Agent") – eine Kombination, die auf natürlicher Basis so nicht entstanden sein kann. Dies war in den offiziellen Berichten und Texten so nie erwähnt worden. Dort war immer nur von der Spirochäte Borrelia burgdorferi die Rede.

Newby nutzt ihre mehrjährigen und oft gegen harte Widerstände geführten Recherchen und Erkenntnisse aber auch dazu, die Zusammenhänge zwischen Regierungsstellen (insbesondere NIH) und Leitlinienautoren (der IDSA) offen zu legen, eine unheilige Allianz, in der Geld und Einfluss verschoben wurden (und werden?) und Lyme Patienten und ihre Ärzte diskreditiert und in E-Mails, die auf die Anstrengungen Newbys offen gelegt werden mussten, unter anderem mit Bezeichnungen bedacht wurden wie „loonies" (Verrückte) und „quacks" (Quacksalber).

Die Sache ist damit noch nicht zu Ende. Ob der ausgerechnet von einem Republikaner an den amerikanischen Kongress gestellte Antrag auf Aufklärung Erfolg haben wird, wird man sehen. Ebenso wird man sehen, ob die IDSA wieder einmal schadlos aus der Sache herauskommt, oder ob es endlich eine Öffnung für korrektes wissenschaftliches Arbeiten und die Anerkennung der Lyme –Praktiker geben wird – jetzt anlässlich der Diskussion um den neuen Leitlinienentwurf der IDSA.

Bitten – the Secret History of Lyme Disease and Biological Weapons
Kris Newby
Harpers Wave, New York, 2019, Englisch
ISBN 978-0-0628-9627-8, 25,93 €, E-Book 14,99 €

Die Redaktion verweist in diesem Zusammenhang auch auf den Beitrag „Biologische Waffen" in der Zeitschrift Borreliose Wissen Nr. 40, www.borreliose-bund.de

Warum hat uns das keiner gesagt?
Wie wir unsere Gesundheit selbst ins Abseits bringen

Beratungen am Borreliose-Telefon mit langjährig chronisch Erkrankten enden nicht selten an der Stelle, wo allen Beteiligten klar ist, dass Antibiotika bei Borreliose alleine nicht das alte Leben zurückbringen können. Dann geht es noch um gesunde Ernährung, Bewegung und positive Denkhaltung und um das Immunsystem, das so viele glauben, durch immunstimulierende Arzneien „very strong" machen zu können. Aber erstens bleibt gar nicht so viel Zeit bei diesen Gesprächen, um ein tiefes Verständnis für die Zusammenhänge des vegetativen Nervensystems, des Herz-Kreislaufsystems, des Hormonsystems und letztlich des Immunsys-

tems zu vermitteln. Und außerdem sind das für den Laien abstrakte Begriffe. Wie sollen wir Patienten das verstehen und für uns nutzbar machen, wenn selbst die meisten Ärzte nichts davon wissen?

Okay, es ist ein dickes Buch, das hier entstanden ist. Aber spannend und unterhaltsam wie ein Roman, leicht zu lesen und mit anschaulichen Vergleichen, die auch der Laie nachvollziehen kann. Das Buch beschreibt die „Extrazelluläre Matrix", unsere innere Umwelt. Der Name Matrix stammt vom lateinischen „Mater", was Mutter oder Amme bedeutet. Mit etwa 25 bis 30 Prozent unseres Körpergewichts stellt sie einen wesentlichen Teil unseres Organismus dar. Es handelt sich dabei um Gewebe-Netzwerk, das die Zellen und Organe zusammen hält und sie mit Lebenswichtigem versorgt. Ein Professor der Gewebskunde beschrieb es folgendermaßen: „Wir wissen, dass da nicht Nichts ist, aber wir wissen nicht, was das ist". Noch ist es nicht gelungen, jenes Gewebe laborchemisch isoliert zu analysieren, weil es aus Lymphe, Blut und einem gemischten Medium aus Enzymen, Hormonen und Substanzen des Stoffwechsels besteht.

Sehen wir also die extrazelluläre Matrix wirklich als Amme, so wird deutlich, wie wichtig es ist, diese Amme so lebensdienlich wie möglich zu gestalten. Ist sie durch Fehlernährung, giftige Substanzen und mangelnde Bewegung verklebt und verschlammt, werden wir krank, können wir nicht gesund werden. So können chronische Zivilisationskrankheiten wie Arthrose, Diabetes, Alzheimer, Rückenleiden, Krebs und anderes entstehen. Wie soll eine Borreliose trotz Antibiotika verschwinden, wenn jene extrazelluläre Matrix alle Organe und Zellen nicht mit ausreichend Nährstoffen und Sauerstoff versorgen kann, weil sie wie ein mit Abfall vollgesaugtes Handtuch in uns liegt? Ihre Reinigung kann mittels Bewegung angeregt werden. Jede Art von Bewegung aktiviert die Muskelpumpe und sorgt damit für einen verstärkten Abfluss aus der extrazellulären Matrix. Bewegung entstaut die Matrix und hält damit die Nährsäfte im Fluss zu den Zellen. Klingt logisch. Bedingt jedoch, dass der Mensch etwas tut.

Solange er jedoch nicht willens ist, seinen Körper in die bestmöglichste Kondition zu bringen, kann keine Therapie gelingen. Solange er seine extrazelluläre Matrix mit Konservierungsstoffen, Schwermetallen und Junkfood zumüllt und ihre keine Chance gibt, diese Stoffe wieder loszuwerden, sammeln sich schlimmstenfalls viele Schmerzen, für die es anscheinend keine Erklärung gibt. Fibromyalgie ist zum Beispiel ein Name dafür – alles und überall tut es weh.

Nicht der Arzt heilt den Menschen, sondern der Organismus macht sich selbst wieder heil, wenn er dazu konditioniert ist. Der Mensch muss ihn dabei unterstützen. Nur er kann die Selbstheilungskräfte anregen und zur Entfaltung bringen. Die Lektüre dieses Buches, die Vermittlung dieser Abläufe und Zusammenhänge wird dem aufmerksamen Leser große Einsicht schenken und die Augen öffnen, was alles schief gelaufen ist in der Geschichte der Menschheit und dass nur er alleine steuern kann, wie man gesund bleibt und wieder gesund werden kann. Dickreiter ist Facharzt für Innere Medizin, Facharzt für Physikalische und Rehabilitative Medizin. Er ist als Dozent an der Fresenius Hochschule tätig und hält Vorträge und Seminare. Man kann ihn leider nicht konsultieren. Aber was er Kranken zu sagen hat und Gesunden, die nicht krank werden wollen, das steht in diesem Buch.

Chronisch gesund statt chronisch krank
Bernhard Dickreiter
Verlag Heyne, München
313 Seiten, 20,00 Euro
ISBN 978-3-453-20715-8

Störungen des Gehirns und was sie über die menschliche Natur verraten

Was geschieht, wenn unser Gehirn nicht mehr „normal" funktioniert? Wenn es durch Störungen oder Krankheiten wie Neuroborreliose, Alzheimer und posttraumatischen Stress in Unordnung geraten ist? Eric Kandel, einer der führenden Experten der Gehirn- und Gedächtnisforschung, hat sich mit der Frage beschäftigt, inwiefern komplexe menschliche Verhaltensweisen biologische Ursachen haben. In seinem Buch zeigt er, wie sehr biologische Prozesse unsere Identität prägen. Denn gerade die Störungen machen auf beeindruckende Weise sichtbar, was es heißt, Mensch zu sein.

Kandel, geboren 1929 in Wien, ist einer der bedeutendsten Neurowissenschaftler des 20. Jahrhunderts. Er studierte Geschichte und Literatur an der Harvard

University und erst danach Medizin an der New York University. Diese Kombination verleiht ihm das Talent, komplexe und komplizierte Zusammenhänge fast unterhaltsam zu beschreiben. Zum Beispiel was bei einer Angststörung passiert, wie sich eine posttraumatische Belastungsstörung manifestiert und warum von 100 Menschen mit dem gleichen traumatischen Erlebnis nur vier Männer und zehn Frauen daran erkranken. Beeindruckend sind auch seine Beispiele von Verhaltensweisen, zum Beispiel John Lennon, Virginia Woolf, Vincent van Gogh, William Shakespeare, Adolf Hitler, Theodor Adorno. Eric Kandel erhielt im Jahr 2000 den Nobelpreis für Medizin.

Was ist der Mensch?
Eric Kandel, 2019, 367 Seiten, bebildert
Verlag Siedler (gebunden)
ISBN 978-3-8275-0114-1, 30 Euro
Verlag Pantheon (Paperback)
ISBN 978-3-570-55412-8, 20 Euro

Dysbiose behandeln

Schmerzende, entzündete Gelenke sind ein häufiges Symptom bei einer Lyme-Borreliose. Die Ärztin Susan Blum, die schon ein erfolgreiches Buch über Autoimmunerkrankungen verfasste, konzentriert sich hier auf die Gelenke, auf Ursachen der Entzündung und was man selbst tun kann, um diesen Entzündungsprozess zu stoppen. Freilich denken die meisten Borreliosepatienten erst einmal an Antibiotika; die bekämpfen Borrelien und andere Erreger. Aber wenn sich Gelenkentzündungen selbständig machen, dann können die nur gestillt werden, wenn der ganze Körper mitspielt.

Stichwort Dysbiose. Dysbiose als Zeichen für eine Fehlbesiedlung des Dünndarms ist ein wichtiger Auslöser für eine entzündlich bedingte Arthritis, das fehlende Bindeglied zwischen dem, was im Darm schief laufen kann und was irgendwann zur Arthritis führt. Um eine Gelenkentzündung wirklich an der Wurzel zu packen, muss die Dysbiose behandelt und das Mikrobiom wieder in ein gesundes Gleichgewicht gebracht

werden. Dazu gehören Probiotika, Heilkräuter und das Wissen über Ernährung und Entzündungsbereitschaft.

Blum beschreibt eine zweiwöchige Einstiegsdiät für den Darm, wie zwei Monate Intensivkur für den Darm aussehen kann und wie die Stufe 3 als Stabilisierungsphase aussehen sollte. Sie nimmt die Geplagten an der Hand und erklärt eine Fülle von Maßnahmen, die der Einzelne selbst in sein Leben integrieren kann. Es geht dabei um Übungsformen für Körper, Geist und Seele, Gesprächstherapie und schließlich auch um Rezepte, die dem Darm guttun, die die Darmschleimhaut regenerieren und den entzündlichen Prozessen im Körper die Grundlage entziehen.

Arthritis heilen, Susan Blum 366 Seiten, 2019, Verlag VAK, 22,50 Euro, ISBN 978-3-86731-205-9

Gesundheit ist kein Endergebnis

„Wahres Glück liegen jenseits von Karriere, Konsum und all dem Blendwerk der Eitelkeit". Dieses Zitat mag für einen von Krankheit gezeichneten Borreliosepatienten unpassend sein und trifft doch in eine Wunde, die der Heilung dienen könnte. Denn was dem Kranken und Verzweifelten wirklich fehlt, ist die Hoffnung, dass auch wieder bessere Tage kommen können. Fast jedes Gespräch in der Borreliose-Hotline dreht sich darum: um Schwäche, sich nicht auflehnen zu können, ausgeliefert zu sein den Ärzten und der Krankenkasse, den Mitarbeitern von Rentenversicherung, Unfallversicherung, Medizinischer Dienst der Krankenkassen (MDK). Noch dazu die Sorge, wie es weitergehen soll, wo man doch noch so schöne Pläne hatte und die Pflicht, für seine Lieben zu sorgen.

Dieses Buch aus der Rubrik Lebenshilfe räumt auf in unserem Leben, indem es neues Bewusstsein weckt für Lebensinhalte, die wirklich zählen. Unter dem Überbegriff „Minimalismus" führen die Autoren den Leser vor Augen, wieviel Druck auf uns lastet und dass in Wahrheit der ganze Druck von uns hausgemacht ist. Druck von Pflichten, Sorgen, Erwartungen und der Sehnsucht, es möge alles wieder so werden wir früher? Waren wir glücklicher, als wir noch gesund waren? Ganz ehrlich: Wir haben gar nicht darüber nachgedacht, sondern einfach vor uns her gelebt. Wir haben uns den Alltagströmungen angepasst, das Leben laufen lassen, wie es sich gerade ergab und wie es möglichst komfortabel und bequem war.

Und dann war plötzlich Schluss. Borreliose. Oder eine andere plötzliche oder schleichende Krankheit. So sehr wir uns auch anstrengten, unser Körper streikte und schickte Signale, die weder wir noch unsere Ärzte deuten konnten. Der verzweifelte Versuch, alles wieder aus Reset zu stellen, funktionierte nicht. Das machte uns hilflos und unglücklich.

Wir werden nicht glücklicher, wenn wir versuchen, Druck standzuhalten. Wir werden nicht glücklicher, wenn wir uns gegen den Arzt durchsetzen und ein bestimmtes Rezept haben wollen. Wir werden nicht glücklicher, wenn wir bestimmte Medikamente einnehmen. Aber wir können glücklicher werden, wenn wir unser Leben bewusst begreifen. Unsere Zeit ist endlich. Man kann sie mit dem Anhäufen von Geld oder auf sinnvolle Weise verbringen, wobei das Letztere das Erste nicht ausschließen muss. Also doch: Alles auf Reset.

Keine Sorge, niemand soll mit diesem Buch auf die Straße ins Zelt gezwungen werden. Es geht nicht um verordnete Armut und Bescheidenheit, nicht um Religion, nicht um Verzicht. Es geht um die fünf Werte, die uns ermöglichen, ein sinnerfülltes Leben zu führen und damit glücklich zu werden.

Gesundheit

Beziehungen

Leidenschaften

Weiterentwicklung

Soziales Engagement

Das klingt doch verlockend. Für alle fünf Werte muss man etwas tun und bekommt etwas zurück. Sinn im Leben. Dieses Büchlein von Joshua Fields Millburn und Ryan Nicodemus ist schnell gelesen und nicht schnell vergessen; denn mit fast jeder Seite öffnen sich Perspektiven, über die sich leicht nachdenken lässt. Nein, es gibt keine Checkliste und keine grundlegenden Leitsätze, um das eigene Leben zu überprüfen. Bin ich glücklich? War ich glücklich vor der Borreliose? Kann ich glücklich sein mit Borreliose? Die Antwort steckt in jedem selbst.

Minimalismus , Der neue Leicht-Sinn
Verlag Gräfe und Unzer, München
160 Seiten, 2019, 12,99 Euro
ISBN 978-3-8338-6489-6

Bücher von den Autoren

Borreliose – Zeckeninfektion mit Tarnkappe

Von Betroffenen für Betroffene, 6. komplett überarbeitete, erweiterte Auflage, 237 Seiten. Hirzel-Verlag Stuttgart, ISBN 978-3-7776-1798-5, 19,80 EUR. Im Buchhandel.

Erscheint demnächst neu. Wird völlig neu bearbeitet.

Borreliose-Jahrbücher 2006, 2007, 2008, 2009,

nur noch antiquarisch.

Borreliose-Jahrbuch 2010

Die verheimlichte Krankheit, Laborwerte verständlich, Labor-Vergleiche, der zehnte Hirnnerv, Borreliose als Pandemie, Heilungsgeschichten, Borreliose und Depression, Borreliose beim Hund u.v.a

184 Seiten, Verlag Books on Demand, Norderstedt
ISBN 978-3-8391-1668-5, 17,90 €, Im Buchhandel

Borreliose-Jahrbuch 2011

Spontanheilung? Beweis für chronische Borreliose, Marshall Protocol, Lyme-Cocktail nach Dr. Klinghardt, Ozon-Sauerstoff-Eigenblut? Reha finden, Patientengeschichten, Demenz und Depression u.v.a.

184 Seiten, Verlag Books on Demand, Norderstedt,
ISBN 978-3-8423-1908-0, 17,90 €, im Buchhandel

Borreliose-Jahrbuch 2012

Diagnose vom Computer, Antikörper als Krankmacher, Laborwissen, Referenzwerte prüfen, DBG-Tagung in Wuppertal und Konstanz, Kultureller Erregernachweis, Differenzialdiagnosen, Demenz, Teuflische Experimente, Eltern von Borreliose-Kindern, Gutachter-Mafia, Antibiotika für Zuchttiere u.a., nur noch bei den Autoren, 12,90 €.

Borreliose-Jahrbuch 2013

Triggern Streptokokken Borrelien, Borreliose oder Depression, GBS oder Neuroborreliose, Robert Enke, Akupunktur,

Stammzellen-Therapie, Spirochäten-Antigen im Gelenk-
knorpel, auch Richter irren, angreifbare Leitlinien-Autoren,
Borrelien unter dem Laien-Mikroskop, Parkinson u.a., nur
noch bei den Autoren, 12,90 €.

Borreliose-Jahrbuch 2014

Fibromyalgie, Borreliose homöopathisch heilen, teuflische
Diagnosen, Insulin-Potenzierte-Therapie, die Rex-Therapie,
Elektrosmog, Alzheimer, Entzündungen aufspüren, Ze-
ckenparadies Borkum, Skandal OLG München u.v.a.

120 Seiten, bebildert, Verlag Books on Demand,
ISBN 978-3-7322-5642-6, 12,90 €
Als E-Book, ISBN 978-3-7322-7705-6, 9,49 €
im Buchhandel und übers Internet

Borreliose-Jahrbuch 2015

Angebliche Leukämie war Neuroborreliose, Wenn Schul-
kinder nicht mehr funktionieren, Borreliose heilen mit TCM,
es muss nicht immer Antibiotika sein, Fiebertherapie zuhause, Sehnenscheiden-Entzündung und Karpaltunnelsyndrom,
wie man Gutachter ablehnt u.v.a.

134 Seiten, bebildert, Verlag Books on Demand, Norderstedt
ISBN 978-3-7357-7753-9, 12,90 €
Als E-Book ISBN 978-3-7386-6613-7, 7,49 €
im Buchhandel und übers Internet

Borreliose-Jahrbuch 2016

Psychische Störungen und wie sie zu unterscheiden
sind, Differenzialdiagnose MS und Neuroborreliose
mittels MRT, Therapieblockade Übersäuerung, Wie der
Glaube heilen kann, Übungen zur inneren Balance bei

Schwindel, Opioide gegen chronische Schmerzen, Bad Aiblinger Versprechen, Artemisia (Beifuß) u.v.a.m.

124 Seiten, bebildert, Verlag Books on Demand, Norderstedt
ISBN 978-3-7386-3747-2, 12,90 €
Als E-Book 6,99 € ISBN 978-3-7392-8465

Borreliose-Jahrbuch 2017

Chronic Fatigue Syndrom. Leitlinie Kutane Manifestation. Stammzelltherapie in Indien. Wie Infektionen ablaufen. Psoriasis, Borreliose oder…? Was Ärzte von Schamanen lernen können. Neues von Plum-Island. Zeckenstiche als Unfall.

124 Seiten, bebildert, Verlag Books on Demand
ISBN 978-3-7412-9539-3, 12,90 € Als E-Book 7,49 €

Leben mit Borreliose

Aus dem Inhalt: Was das Immunsystem hemmt und stärkt, Ernährung, Der richtige Ausdauer-Sport, Ein Kopf voller Liebe, Wie man Ärzte zum Zuhören bringt, Verzeihen und Versöhnen, Die Macht der Selbstheilungskräfte und Spontanheilung, Borreliose und die Traditionelle Chinesische Medizin, 80 Anwendungen von A bis Z und das Meiste umsonst, Arzneimittelreste ausschwemmen, Strategien zum Glücklichsein, Ein Gebet als Medikament, Entschleunigen, 15 Anleitungen zum

Leben mit Borreliose

Bewältigen eines richtigen „Scheißtags" mit Borreliose.

124 Seiten, Verlag Books on Demand, Norderstedt, , ISBN 978-3-8448-1723-2, 12,90 €. Im Buchhandel. E-Book: ISBN 978-3-8448-3628-8, 9,99 €

Borreliose –Jahrbuch 2018 + 2019

ICD-11- neue Hoffnung auf bessere Differenzierung, Diclofenac, Antibiotikaresistenz durch Mobilfunk und WLAN, Borreliose in meldepflichtigen Bundesländern, Neuroborreliose und Hautkrebs, Meldepflicht in Europa, Politiker gleichsam Lobbyisten, Erste Morgellons-Konferenz, HAS-Leitlinie in Frankreich, Patientengeschichten.

130 Seiten, bebildert, Verlag Books on Demand, ISBN 978-3-7481-2023-0, 12,90 €, auch als E-Book.

Literatur vom Borreliose und FSME Bund

Je Versand insgesamt zuzüglich 2,50 € Versandkosten
Bestellungen an Borreliose und FSME Bund
Postfach 1205
64834 Münster
Tel. 06071-497397
Fax 06071-497398
E-Mail: service@borreliose-bund.de
www.borreliose-bund.de

Borreliose Wissen KINDER
Alles über Borreliose bei Kindern und Jugendlichen, in Schwangerschaft und Stillzeit. Gefördert von der Barmer, kostenlos, freiwillige Spende erwünscht.

Borreliose Wissen 19
Chronische Borreliose
kostenloser Download www.borreliose-bund.de

Borreliose Wissen 21
Borreliose und die Psyche
Kostenloser Download www.borreliose-bund.de

Borreliose Wissen 22
Alternativen, Strohhalme, Experimente, 4,00 €

Borreliose Wissen 23
Fehldiagnosen, Differenzialdiagnosen
Kostenloser Download www.borreliose-bund.de

Borreliose Wissen 24
Kostenloser Download www.borreliose-bund.de

Borreliose Wissen 25
Gender - Borreliose bei Mann und Frau, 4,00 €

Borreliose Wissen 26
Die Depressionsfalle, 4,00 €

Borreliose Wissen 27
Alles über Wanderröte, ACA und die Haut, 4,00 €

Borreliose Wissen 28
Schlaf + Ehrlichiose, 4,00 €

Borreliose Wissen 29
Neuroborreliose
Kostenloser Download www.borreliose-bund.de

Borreliose Wissen 30
Borreliose und das Herz, 68 Seiten, 9,50 €

Borreliose Wissen 31
Borreliose und der Darm, 52 Seiten, 9,90 €
Auch im Buchhandel: ISBN 978-3-7347-6083-9

Borreliose Wissen 32
Selbstheilungskräfte bei Borreliose, 56 Seiten, 9,50 €

Borreliose Wissen 33
Borreliose und Autoimmunerkrankungen, 44 Seiten, 9,50 €

Borreliose Wissen 34
Borreliose und die Psyche, 60 Seiten, 8,50 €

Borreliose Wissen 35
Borreliose und die Zähne, 44 Seiten, 8,50 €

Borreliose Wissen 36
Borreliose und die Augen, 60 Seiten, 8,50 €

Borreliose Wissen 37
Basis-Wissen Borreliose und Fibromyalgie, 60 Seiten, 8,50 €

Borreliose Wissen 38
Neuroborreliose, 40 Seiten, 8,50 €

Borreliose Wissen 39
25 Jahre Borreliose Selbsthilfe, 52 Seiten, 8,50 €

Borreliose Wissen 40
Fatigue-Syndrom, Coinfektionen, 52 Seiten, 8,50 €

Borreliose Wissen 41
Chronische Entzündungen, erscheint im April 2020

Borreliose Wissen 42
Placebo - die Macht der Erwartung, erscheint im Oktober 2020

Mitglieder des BFBD erhalten die jährlich neu erscheinenden beiden Exemplare im Rahmen ihres Mitgliedsbeitrags kostenlos zugeschickt.

Nachruf

Im August verstarb im Alter von 79 Jahren **Sigrid Frosch,** Vorsitzende des Borreliose-Selbsthilfevereins Coburg und eines der Gründungsmitglieder des Borreliose und FSME Bund Deutschland. 20 Jahre wirkte sie in Coburg, um über Borreliose zu informieren und aufzuklären und um Verzagten Mut und Zuversicht zu vermitteln. 2013 verlieh ihr der Bayrische Staatsminister für Umwelt und Gesundheit die Auszeichnung „Weißer Engel", 2017 der Bayerische Ministerpräsident das Ehrenzeichen des Landes. Sigrid Frosch gehörte zu den Leuchttürmen im deutschen Borreliose-Land und hinterlässt eine gewaltige Lücke. Rechtzeitig sorgte sie für Nachfolge, so dass ihr Lebenswerk gewahrt bleibt. Wir verneigen uns anerkennend vor dem  Andenken dieser geschätzten und verehrten Mitstreiterin.

Ingeborg Schmierer

20 Jahre lang beschäftigen wir uns publizistisch mit der Borreliose, privatgesundheitlich freilich schon doppelt so lange. Aber just in diesen Wochen erinnert uns ein Ereignis an das Jahr 2000, in dem unser erstes Borreliose-Patientenbuch im Deutschen Apothekerverlag,

Abteilung Hirzel-Verlag erschienen war. „Borreliose – Zeckeninfektion mit Tarnkappe" hieß es und so auch die sechs aktualisierten Nachauflagen. Ehe wir es vergessen: Dieses Buch wird gerade völlig neu geschrieben, wieder für den Hirzel-Verlag. Was sich in den vergangenen 20 Jahren entwickelt hat, lässt sich nicht alleine durch partielle Aktualisierungen auffangen. Soviel nur mal kurz abgeschweift.

2000 also, kurz nach Erscheinen jenen Buches, erhielten wir einen Anruf von einer uns noch unbekannten Frau: Ingeborg Schmierer aus Winnenden. „Frau Fischer", seufzte sie fast glücklich, „jetzt weiß ich endlich, woran ich seit 38 Jahren leide". Freilich erhielten wir in den vergangenen zwei Jahrzehnten öfter mal einen dankbaren Telefonanruf oder Brief. Aber das war es dann auch noch. Mir ist niemand bekannt, der aus dieser Erkenntnis mehr Initiative bewirkt hat, als Ingeborg Schmierer aus Winnenden. Und das zum Vorteil unzähliger Menschen.

Sie war damals über 60. Und ihre Entrüstung über ihre Ärzte war echt. 38 Jahre lang war sie von Pontius zu Pilatus gelaufen, in vielen Krankenhäusern gelandet, immer wieder als psychisch krank stigmatisiert worden. Mehrmals unternahm sie einen Suizidversuch. Ihre Ehe war daran zerbrochen. An Berufstätigkeit nicht zu denken. Auch ihre Töchter fragten sich immer häufiger, ob die Mutter wohl richtig tickt. Ingeborg Schmierer echauffierte sich in diesem Jahr 2000 aber nicht alleine wegen ihres Schicksals, sondern auch über das unzähliger anderer, die nichts über Borreliose wussten. Von da an änderte sich ihr Leben gehörig. Ingeborg Schmierer begann ein neues Leben. Mit Borreliose. Für Borreliose-Patienten.

Sie gründete eine Selbsthilfegruppe, die noch heute existiert. Sie fand neue Ärzte, die ihr die Krankheit glaubten und die Borreliose und ihre Tücken kannten. Nein, sie wurde nicht mehr geheilt von der Borreliose. Nach Jahrzehnte langem Ringen mit diesen Bakterien ist in einem Körper so viel geschehen, dass er nicht alles wieder reparieren kann. Es folgten gute Jahre und schlechte Monate. Sie kaufte sich einen Computer und ließ sich einweisen, wie man E-Mails schreibt, wie man eine Homepage aufbaut, einen Facebook-Account, wie man in Foren mitwirkt und mit dem Internet umgeht. Ingeborg Schmierer war in Sachen Borreliose in den neuen Medien unterwegs wie wenige Einzelpersonen. Mehrmals organisierte sie Aufklärungsveranstaltungen für Patienten, legte sich mit Förderkrankenkassen an, bis sie Zuschüsse dafür gaben. Sie schrieb massenhaft Leserbriefe, wenn eine ihrer Heimatzeitungen mal wieder Schwachsinn über Borreliose verzapfte. Und sie setzte den Gesundheitspolitikern gehörig zu. Obwohl

körperlich immer wieder schwer eingeschränkt, gelang es ihr, Briefe an den damaligen Bundesgesundheitsminister Daniel Bahr und dem jetzigen Ministerpräsidenten Winfried Kretschmann persönlich in die Hände zu drücken. Mit dem Rollstuhl trug sie ein Prostest-Poster anlässlich der Borreliose-Demo in Berlin durch die Straßen.

In diesen Wochen feierte Ingeborg Schmierer ihren 80. Geburtstag. Nein, sie ist nie mehr springlebendig wie ein Reh geworden. Aber sie rackert mit ihren Möglichkeiten, um die Situation in Ihrem Rems-Murr-Kreis und weit darüber hinaus transparent zu machen und die Patienten zu ermutigen, dass sie selbst auch kämpfen müssen. Mutig legt sie sich mit Politikern an und mit Ärzten, die sie dafür auch noch bestrafen, in dem sie in ihrem eigenen Wohnort keinen Hausarzt mehr findet. Weil sie immer den Mund aufgemacht hat und weil sie über Borreliose viel mehr weiß, als die meisten niedergelassenen Ärzte zugeben würden. Das ist das Paket, das sie nun zusätzlich zu tragen hat. Aber sie trägt es mit erhobenem Kopf, mit hellwachen Augen und unerschütterlicher Zuversicht, dass es richtig war, was sie getan hat. Sicher ist ihr der Respekt unzähliger Patienten, denen sie durch blanke Information und Zuwendung weitergeholfen hat. Dabei wäre es doch viel einfacher und bequemer gewesen, sich nur noch auf die eigene Gesundung zu konzentrieren und alle anderen der Sintflut zu überlassen.

Ingeborg Schmierer, www.ingeborgschmierer.de

Wir haben uns verlaufen

Ein Vermächtnis von Wolfgang Maes

Wolfgang Maes ist tot. Er starb am 26. August im Alter von 71 Jahren. Viel zu früh. Für sich, für seine Frau, für seine Familie, für alle, die nach dem Geheimnis eines gesunden Lebens und nach Gesundung suchen. Er war uns über zwei Jahrzehnte ein zuverlässiger, wissensbegieriger, unaufgeregter und überaus kompetenter Gesprächspartner und Autor und unser Freund. Ohne Rechthaberei, ohne Zeigefinger, voller wohltuender Empathie. Das Zwiegespräch mit seiner Mutter, das er in diesen bereits 1990 gehaltenen und immer wieder aktualisierten Vortrag einbaute, zeigt sein großes Talent, komplizierte und scheinbar verwirrende Zusammenhänge so zu erklären, dass man sie versteht. Wir wünschten, unsere Politiker und unsere Ärzte hätten eine Spur davon.

Weitere Quellen: „Stress durch Strom und Strahlung", Wolfgang Maes, ISBN 978-3-923531-26-4. www.maes.de

Mehr Paradies geht nicht mehr

"Was ist das eigentlich: Baubiologie?" Meine alte Mutter kommt zu Besuch, sitzt mir gegenüber, fragt und erwartet eine Antwort. "Tja", höre ich mich sagen und befürchte, dass ihr das nicht reicht. Ich lege die Kuchengabel zur Seite. "Weißt Du, Baubiologie ist...", zögere ich, und sie unterbricht: "Du warst 17 Jahre bei der Zeitung, hast als Redakteur gut verdient, hattest einen soliden Beruf, den schönen Firmenwagen. Die

Zukunft, die Rente war sicher." An so was denken Mütter. "Und nun das: Baubiologie. Man sieht Dich nur noch arbeiten, kaum Urlaub, nie Zeit, keine Sicherheit. Was machst Du da, mein Junge?"

"Ich kümmere mich um kranke Häuser", was Besseres fiel mir so schnell nicht ein. Ihre Fragezeichen im Gesicht bleiben. "Ich besuche die Leute mit meinen Messkoffern zu Hause oder auch am Arbeitsplatz, packe viele Geräte aus, untersuche, prüfe und zeige, was in den Räumen ungesund ist." - "Hhmm", grübelt sie und blickt über den Brillenrand. "Was ist in Häusern denn so ungesund?" - "Da gibt es einiges, zum Beispiel: Elektromagnetische Felder, Strahlung, Gifte, dicke Luft, Bakterien, Pilze... Die meisten Leute sind schlecht informiert und machen vieles falsch. Einiges ist belastend, manches gefährlich, sogar lebensgefährlich. Manches raubt die Lebensqualität, ruiniert die Gesundheit, macht krank. So viel in den eigenen vier Wänden ist nur noch technisch, künstlich, synthetisch, kaum noch was natürlich." - "So was findet man zu Hause?" - "Leider oft, zu oft, und ich mache das bewusst, messe das, bringe Licht ins Dunkle, kläre auf, gebe Empfehlungen, um die Belastungen so gut es geht zu reduzieren. Für den Mediziner ist der Mensch der Patient, für den Baubiologen ist die Wohnung des Menschen der Patient."

Mutter fängt an, sich zu interessieren: "Woher kommen die Leute?" - "Manche auf Empfehlung von Ärzten, Heilpraktikern und anderen Therapeuten, weil sie krank sind, sie haben zum Beispiel Atemwegs- oder Immunprobleme vom Schimmel, Nerven- oder Allergieprobleme von Giften oder Kopfschmerzen und Schlafstörungen von elektromagnetischen Feldern. Manche nur so, weil sie keine unnötigen Risiken einge-

hen und gesund bleiben wollen. Weißt Du noch, damals vor Jahren, als ich so lange krank war, da hat mir der Arzt eine baubiologische Schlafplatzuntersuchung empfohlen. Ich habe nach dem Besuch des Experten einiges in meiner Wohnung und besonders am Bettplatz verändert und siehe da: Ich wurde gesund. Das hat mich provoziert, das hat mich auf den Weg gebracht."

"Stimmt, ich erinnere mich, ja. Du warst krank und wurdest wieder gesund, das war gut. So fing also alles an." Sorgenfalten legen sich auf ihre Stirn. "Kannst Du davon leben, Junge?" Mutter muss sich immer Sorgen machen. "Ja, ganz gut. Vielleicht nicht so gut wie als Journalist, aber das ist nicht so schlimm. Ich tue etwas, was ich will, was Sinn macht, wo ich drin aufgehe, was ich als Beruf und als Berufung sehe, was mir wichtig ist. Wenn ich nicht davon leben könnte, würde ich es trotzdem tun und nachts Taxi fahren, verstehst Du?"

Ihre Augen verraten: Sie versteht's nicht so ganz. Ich hole aus, begeistere mich: "Baubiologie ist für mich Arbeit und Hobby gleichzeitig. Ich arbeite aus Überzeugung. Ich bin frei, unabhängig. Ich kann mir keinen spannenderen Beruf vorstellen und möchte mit keinem tauschen. Die Mischung aus detektivischer und kreativer Arbeit auf Wegen, die noch nicht ausgetrampelt sind und von Pionieren erschlossen werden wollen, die einen täglich vor neue Ansprüche stellen, immer überraschen, das gepaart mit Einfühlungsvermögen und Verantwortungsbewusstsein, das macht mir die Baubiologie so attraktiv."

Ich lege nach: "Baubiologen sind kritisch, mutig, sind nicht pflegeleicht, sie setzen Maßstäbe, klammern sich nicht an Behörden, Stempel, Leitlinien und Verordnungen. Kommen dann noch derart viele positive Rückmeldungen von Kranken, die nach baubiologischen Aktivitäten wieder gesund wurden, dann wird mir immer wieder klar, wie wichtig der Beruf ist, wie hilfreich, wie viel Befriedigung er bereit hält, wie hoch gerade heute sein Stellenwert ist. Weißt Du, das nenne ich Glück." Ich hole Luft.

Mutter schmunzelt. Ich kenne dieses Lächeln. Sie ist zufrieden, erst einmal. Sie dreht sich zu meiner Frau und verliert sich in Komplimenten über den selbstgebackenen Kuchen. Ich lehne mich derweil in den Sessel zurück, schließe die Augen und gehe nach innen. Meine Gedanken kreisen um Mutters Fragen und um meine Einstellung zur Baubiologie.

Bau-bio-logie: drei zusammengefügte Worte. Bau - das ist der Raum, das Heim, das Nest. Bios - das heißt Leben. Logos - das ist die natürliche Ordnung, die Harmonie, bedeutet auch Sinn, Vernunft, Gesetz oder Wort Gottes. Baubiologie: Ist der Raum, in dem wir leben, unser Lebensraum, in möglichst natürlicher Ordnung, in Harmonie? Wenn ja, prima. Wenn nein, was kann getan werden, um die Ordnung wiederherzustellen? Baubiologie: die Lehre vom gesunden Haus, vom möglichst natürlichen Lebensraum, einem der arm ist an Risikofaktoren, dafür das Leben, unsere Gesundheit und Vitalität erhält und fördert. Baubiologie: eine junge Wissenschaft. Sie kommt spät. Zu spät? Viele Antworten sind bereits möglich, viele Fragen noch offen, manche Fragen nicht einmal gestellt.

Jahre, Jahrzehnte Erfahrung und eine Menge baubiologischer Untersuchungen liegen inzwischen hinter mir. Vielen Mitmenschen konnte geholfen werden. Viele Leiden verschwanden mit dem hausgemachten Umweltstress elektrischer, magnetischer, elektromagnetischer, radioaktiver, geologischer, akustischer, toxischer, raumklimatischer oder mikrobiologischer Art. Viele Patienten und Ärzte sind begeistert. Ich auch.

Umwelt fängt zu Hause an. Da, wo es am wichtigsten wäre, wird am wenigsten getan, zu Hause. Aber genau hier besteht das größte Risiko. Hier ist der Mensch so oft und so lange, wie sonst nirgendwo. Hier, in der besonders wichtigen, entspannenden Schlafphase, sind Körper und Psyche so empfindlich, wie sonst nie. Die Wohnung muss ein Erholungsort sein, Erfrischung ermöglichen, Rückzug und Schutz vor den Alltagsbelastungen bieten. Die zwei Quadratmeter Bett stehen im Mittelpunkt, denn hier wird regeneriert, aufgetankt, repariert, entgiftet, "verdaut". Ein gesunder, ungestörter, reizarmer Schlaf heilt. Aber gerade zu Hause und am Bettplatz wird so viel reingepackt, was schädlich ist, was uns Menschen das Wohlergehen und den Krankenkassen viel Geld kostet.

Elektrifizierte Schlafplätze, manchmal heftiger als im Cockpit des Düsenjets, Stress durch Spannung und Strom. Sender allerorten, draußen immer mehr, inzwischen schon 300 000 pausenlos strahlende Mobilfunkstationen auf Dächern, Masten, Türmen..., drinnen noch mehr, Millionen nonstop strahlende Schnurlostelefone, nonstop strahlende WLAN-Rou-ter, nonstop strahlende Babyphone..., Stress durch Funkwellen. Und ewig das Handy am Ohr und das Tablet auf dem Schoß. Alles Smart? Hoch lebe unsere Plastikgesellschaft, Kunststoff fast überall, auf dem Boden, an der Wand, vor den Fenstern, im Bett, auf der Haut..., Stress durch Elektrostatik. Stahl in Bett und Baumasse, Stress durch Magnetfelder. Nur noch Bildschirme vor der Nase, tagsüber PC, abends TV, tschüss Glühbirne, es kommt die Energiesparlampe, Stress durch schlechtes, zu blaues Flimmerlicht. Der Lärm nimmt zu, besonders der tiefe, kaum hörbare von Wärmepumpen, Motoren, Maschinen, Trafos, Windrädern..., dies nervende Brummen und Vibrieren..., Stress durch Infraschall. Schadstoffe in Möbeln, Teppichen, Klebern, Anstrichen, Bauschäumen..., das alles dicht eingepackt in Beton und Doppelglas und ständig stur die Fenster zu: dicke Luft, Raumklima ade. Der Schimmel jubelt, schädliches Kohlendioxid triumphiert, nützliche Luftionen flüchten, Wärmeschutz- und Energiesparverordnungen schmunzeln siegesbewusst. Kein Wunder, dass unser Immunsystem in die Knie geht. Kein Wunder, dass wir immer empfindlicher und schwächer werden, immer angreifbarer und wehrloser, dass der berühmte letzte Tropfen das körperlich und seelisch arg überstrapazierte Fass zum Überlaufen bringt. Kein Wunder, dass der Gesundheitsminister schon vor Jahren mahnte: "Jeder Dritte ist umweltkrank!" Kein Wunder, dass Mediziner international Alarm schlagen: "Jährlich sterben allein in Europa neun Millionen Menschen durch schädliche Umweltbelastungen." Dass aktuelle Forschungsauswertungen sieben Prozent aller Erkrankungen - auch der schweren - der unnatürlichen, zivilisatorischen, stressigen Umwelt zuschreiben; das ist die Größenordnung von Volksleiden wie Diabetes. Fortschritt und Zivilisation haben Nebenwirkungen, Tabletten zur sinnlosen Bekämpfung der zahlreichen und so oft völlig unnötigen Umweltkrankheiten auch.

Manchmal mischt sich in die Freude über die häufigen baubiologischen Sanierungserfolge, die uns immer wieder bestätigen, dass wir auf dem richtigen Weg sind, auch Nachdenklichkeit, gar Traurigkeit, weil man nur ahnen kann, wie viele Menschen es geben muss, deren Leid ausgelöst wurde von den unerkannten und so oft so leicht vermeidbaren Risikofaktoren des Wohn- und Schlafalltags, von denen sie nichts wissen und deshalb auch nichts ändern können. Über 90 Prozent der belastenden, stressigen oder gar krankmachenden Einflüsse wären mit links in den Griff zu kriegen, viele ohne großen Aufwand. Das ginge nicht mal der Industrie an den Kragen, im Gegenteil, es würden neue Marktlücken erschlossen. Das widerspräche keiner Politik. Wir fordern nichts Absurdes, wir könnten wirklich besser leben. Nur, wie sagte Albert Einstein: "Probleme sind nicht mit der gleichen Denkweise zu lösen, die sie erzeugt hat."

Das ist das Geschenk der Baubiologie: Menschen zu enttäuschen, die meinen, die Welt sei nicht zu verbessern. Die Baubiologie ist optimistisch und will helfen, Stress da zu reduzieren, wo er am geballtesten auftritt, wo wesentliche Verbesserungen realisierbar und besonders wichtig sind, wo sie in unserer Hand liegen: in den eigenen vier Wänden. Baubiologie begnügt sich nicht mit Symptombekämpfung, sie will Ursachenbeseitigung. Baubiologie macht Mut, das nicht unvermeidbare Schicksal ein gutes Stück weit in die eigenen Hände zu nehmen. Baubiologie ist Hilfe zur Selbsthilfe, sie fängt in den Köpfen und Herzen experimentierfreudiger und intelligenter Menschen an. Sie ist ein gutes Stück Gesundheit, Vitalität und Lebensqualität. Baubiologie ist auch Dank an die Natur und Achtung vor der Kreatur.

Vermeiden wir ein Zuviel, speziell wenn es um Dauerbelastungen geht, weniger ist besser, Vorsorge das oberste Gebot. Baubiologen tragen seit Jahrzehnten Erfahrung zusammen, recherchieren, analysieren, hinterfragen, passen auf, klären auf. Die Baubiologie beweist praxisorientiert. Tatsachen bleiben auch dann Tatsachen, wenn Wissenschaftler nach dem xsten praxisfremden Laborversuch immer noch keinen endgültigen Beweis erbringen können. Baubiologen erschöpfen sich nicht im Lamentieren und Schwarzmalen, sondern packen an und helfen heilen. Baubiologie will nicht streiten, sondern handeln, umsetzen, schnell, unkompliziert. Wir machen keine Probleme, das überlassen wir anderen, der Industrie, dem Gesetzgeber, der EU... Wir weisen lediglich auf Probleme hin und bieten sinnvolle, verträgliche Alternativen. Wir sind keine Träumer und wollen aus einem Betonklotz in der Großstadt kein Blockhaus in den Dolomiten machen. Wir streben das Machbare an und freuen uns, dass so viel Risikoreduzierung machbar ist.

Warten wir nicht, bis die Wissenschaftler sich endlich einig sind, die Politiker endlich wach werden, Verordnungen die Erlaubnis erteilen, der fatale Filz zwischen Politik, Industrie, Wissenschaft und Lobbyismus auffliegt. Das kann lange dauern, Jahre, Jahrzehnte, Generationen, bis es zu spät ist. Die Baubiologie steckt in den Kinderschuhen, auch noch nach 30 Jahren. Das soll nicht daran hindern, mit dem schon Bekannten zu arbeiten, zum Wohle des Menschen und seiner Umwelt.

Der beste Garant, Bürge und Maßstab für baubiologisches Arbeiten ist die Natur. Ist die Natur in Ordnung, sind auch wir in Ordnung. Ist die natürliche Ordnung gestört, dann ist es töricht zu glauben, dass das keine nachteiligen Folgen haben soll. Es entsteht immer lebensfeindliches Chaos, wenn der lebensfreundliche Kosmos in seiner fundamentalen Harmonie gestört wird. Jeder Eingriff in natürliche Abläufe zeigt früher oder später Folgen, oft fatale. Die Natur rächt sich nicht, sie reagiert, biologisch. Lasst die Natur in Ruhe! Sie kann durch uns Menschen nicht verbessert werden, nur verschlechtert. Die Schöpfung braucht keine Nachhilfe. Die Natur braucht uns nicht, wir brauchen sie.

Ernährungsreformer klärten auf: "Lasst Eure Nahrung so natürlich wie möglich sein!", und lösten eine weltweite Welle zur gesunden Ernährung aus. Die Baubiologie fordert: "Lasst Euren nächsten Lebensraum, Euer Heim, so natürlich wie möglich sein!", und löste eine weltweite Welle zum gesunden Wohnen aus. Paracelsus mahnte: "Wer sich gegen die Natur versündigt, kommt darin um." Pestalozzi wusste: "Früher oder später, aber gewiss immer, wird die Natur auf alles Tun des Menschen reagieren, das wider sie selbst ist." Schiller lehrte: "Nichts führt zu Gutem, wenn es nicht natürlich ist." Ich höre Osho sagen: "Immer wenn der Mensch die Natur durcheinander bringt und seine eigenen Regeln aufstellt, begeht er ein unverzeihliches Verbrechen." Und Häuptling Chief Seattle: "Jeder, der die Erde verletzt, verletzt sich selbst. Alles, was auf Erden lebt, ist Deine Familie."

Suchen wir von Alaska bis Feuerland, von Sibirien bis Australien, auf dem Gipfel und im Tal: Nirgendwo ist in der Natur ein Lebewesen mit einem elektrischen Körperspannungspotenzial von etlichen Volt zu entdecken, nicht eines, das von Strom durchwirkt wird. Nirgendwo funken technische Mikrowellen in biologische Organismen. Nirgendwo lässt Synthetik Funken schlagen. An keiner Stelle zeigt die Kompassnadel statt nach Norden nach Süden. Nirgends gibt es PCP, Lindan, Permethrin, PCB, PAK oder 2000 ppm Kohlendioxid. Solange die Welt sich dreht, nirgendwo. Nur bei Tante Frieda im Bett ist das so und in jedem dritten zivilisierten Schlafgemach auch. In jedem dritten Eltern- und Kinderbett messen wir elektromagnetische Feldbelastungen, die höher sind als Computernormen zum Schutz der Gesundheit zulassen. In jedem dritten Schlafzimmer ist die Luft, das Raumklima schlecht, mit kritischen Schadstoffen, Pilzen, Bakterien, Allergenen und Partikeln belastet.

Künstlich ist kein Ersatz für biologisch. Kultur kein Ersatz für Natur. Haben kein Ersatz für Sein. Reden kein Ersatz für Tun. Wissen kein Ersatz für Weisheit. Ansicht kein Ersatz für Einsicht. Intellekt kein Ersatz für Intelligenz. Fortschritt keine Rechtfertigung für Maßlosigkeit. Mode keine Entschuldigung für Ausschweifung. Macht kein Freibrief für Ausbeutung. Geld kein Garant für Glück. Und Unwissenheit kein Schutz vor Konsequenzen.

Wo bleibt die Wissenschaft? Verpulvert Steuergelder, um zu "beweisen", dass etwas offensichtlich Schädliches nicht schaden kann? Wo wird unabhängig von wirtschaftlichen und politischen Interessen geforscht? Wer will noch die Wahrheit? Die Wissenschaft degradiert sich zum Gehilfen der Industrie und nimmt für sich in Anspruch, der Maßstab zu sein. Unser unerschütterliche Glaube an die Richtigkeit und Allwissenheit der Wissenschaft: Ein Prozent weiß sie, höchstens, nicht mehr. Kennt in den meisten Fällen die Ursachen von Krankheit nicht einmal. Weiß immer noch nicht, warum Krebs entsteht oder MS oder andere Autoimmunkrankheiten. Weiß nicht, wie Wildgänse tausende Kilometer nach Süden ziehen und Aale tausende Kilometer ins Sargasso-Meer nahe der Karibik und deren dort geborenen Jungen wieder zurück in den Seitenarm der Mosel. Weiß kein bisschen, wie die unaufhörliche, raffinierte, destruktive, vernichtende, ja kriminelle Ausbeutung der Natur durch uns Menschen noch gelenkt, beherrscht, geschweige gestoppt werden kann. Es ist so vieles noch nicht erforscht. Wenn schon die unendlich vielen natürlichen und lebenserhaltenden Umwelteinflüsse in ihrer Wirkung auf den Menschen und alles Leben kaum bekannt sind, wie kann ich dann erwarten, dass die erst in jüngster Zeit entstandenen, unendlich vielen künstlichen und lebensbelastenden Umwelteinflüsse in ihrer Wirkung schon erkannt sein könnten?

Wo bleibt die Verantwortung der Industrie? Sie weiß genau, dass all die Gifte, Medikamente und Hormone seitens der Massentierhaltung im Fleisch, Fisch und

Gemüse zu verheerenden Krankheiten und Antibiotikaresistenzen führen, weiß genau, dass Handystrahlung schädigt, weiß genau, dass Aluminium in Deos und Impfstoffen gefährlich ist, dass Pestizide das Land und unsere Häuser verpesten, dass die destruktiven Auswirkungen der Gentechnik überhaupt nicht einzuschätzen sind, genauso wenig wie Wettermanipulationen mit Chemie und Metallpartikeln, die von Flugzeugen versprüht werden zur angeblichen Rettung des Klimas, oder Fracking, das die Erde auf der Suche nach Gas und Öl bis ins Mark erschüttert und bis zum letzten Tropfen auswringt. Ich erinnere mich, da war doch der Mobilfunkbetreiber, der auf einer Bürgerversammlung öffentlich und ohne rot zu werden sagte: "Ein Wirtschaftsunternehmen kann keine Moral haben." Pardon, ich vergaß.

Wo bleibt die Politik? Verschanzt sich hinter der allmächtigen und doch so ohnmächtigen Wissenschaft und deckt die Gier der Industrie mit menschen- und naturunwürdigen Verordnungen. Darf Wirtschaftswachstum das einzige Ziel sein? Wie lange und wohin soll die Wirtschaft denn noch wachsen? Und bitte: um welchen Preis? Die Politik ruht sich derweil mit Gesetzen auf einer Wissenschaft aus, die von der Industrie bezahlt wird.

Wo bleiben die Ärzte? Sie merken an erster Stelle, dass der Mensch immer kränker wird, immer mehr junge Menschen und Kinder. Das trotz aller Forschung, Investitionen und Fortschritte. In den meisten Fällen können sie nur Symptome bekämpfen. Es geht aber darum, Ursachen und Auslöser zu erkennen und zu beseitigen. Es ist ein Kunstfehler im Sinne einer ganzheitlichen Medizin, die krankmachenden Umweltfaktoren daheim und auf der Arbeit des Patienten zu übersehen.

Wo bleiben die Krankenversicherungen? Die Krankenkosten explodieren ins Unermessliche. In jedem Straßenzug gibt es Ärzte, Heilpraktiker, Psychotherapeuten..., an jeder Ecke Apotheken, auf einem einzigen Quadratkilometer in der Neusser City allein ein Dutzend, und alle haben alle Hände voll zu tun. Die Krankenkassen stellen fest: "30 Prozent der Versicherten sind durch Umwelteinflüsse krank geworden." Die Weltgesundheitsorganisation veröffentlicht: "Ein Viertel aller Erkrankungen werden durch schlechte Umweltbedingungen verursacht." Die Bauordnung fordert: "Häuser sollen die Gesundheit des Menschen und die natürliche Lebensgrundlage nicht gefährden." Die Gesundheit des Menschen wird aber gefährdet, aus so vielen Quellen, und die natürliche Lebensgrundlage sowieso. Spätestens hier kommt die Baubiologie ins Spiel. Das Erkennen und Vermeiden dieser krankmachenden Einflüsse und das Gewährleisten einer möglichst natürlichen, intakten Lebensgrundlage in unserer allernächsten Umwelt, besonders in den eigenen vier Wänden, das ist unser Beruf.

Wo bleiben die Journalisten? Über jeden Mist wird berichtet, dass Verona Feldbusch zugenommen und Heidi Klum abgenommen hat. Nur nichts über die Grenzenlosigkeit von Grenzwerten. Kaum was über die Gefahr des Funks, solange Elektronikhersteller fette Anzeigenkunden sind. Zu wenig darüber, dass alle zwei Sekunden ein Fußballfeldgroßes Stück Urwald abgeholzt wird; 80 Prozent des Holzes geht in die Produktion drittklassiger Zeitschriften und Werbebeilagen. Zu wenig zur Vernichtung riesiger Regenwälder, um Palmpflanzen zur Gewinnung von Biodiesel anbauen zu können. Viel zu wenig darüber, dass die USA mal wieder nicht unterschrieben haben, um die Treibhausgase endlich bremsen zu helfen, obwohl sie als Mitverursacher der Klimakatastrophe mit 36 Prozent an der Spitze stehen. Nichts dazu, dass zivilisierte Staaten so viele Waffen herstellen, dass sie damit unsere Erde hundertmal vernichten könnten; man braucht nicht den Scharfsinn eines Genies, um zu begreifen, dass einmal schon einmal zu viel wäre.

Wo bleibt der mündige Konsument? Alles haben, alles kaufen, in sein: Die nimmersatte Industrie kann fest auf ihn bauen, den nimmersatten Verbraucher. Der räumt die vollen Regale in dem festen Glauben, alles was verkauft wird, müsse unbedenklich sein, sonst würde es schließlich nicht verkauft. Es wird brav konsumiert, was produziert wird, koste es, was es wolle, nicht nur viel Geld, auch unser wertvollstes Gut, die Gesundheit. Und die Industrie kann stolz sein auf die Politik, unterstützt die doch die industriellen Interessen und verabschiedet marktfreundliche, aber menschen- und naturunwürdige Grenzwerte, platziert Wirtschaftswachstum vor Volksgesundheit.

Wo bleibt der Protest der Lehrer, wenn die Mobilfunklobby den Lehrstoff liefert und die längst nachgewiesenen Gefahren elektromagnetischer Strahlung unter dem Deckel hält?

Wo bleiben die Priester? "Macht Euch die Erde untertan!", heißt es - aber bitte doch nicht so! Religion bedeutet Gottesverehrun-gen? Zum Schöpfer beten und gleichzeitig seine Schöpfung zur Müllkippe machen?

Aber unsere neunmalklugen wissenschaftlichen und politischen Kopfakrobaten versuchen mit voller Kraft, das Unbeweisbare zu beweisen: dass das alles nichts ausmacht. So wie Asbest nichts ausgemacht hat, außer der gut eine Million Toten. So wie Auto- und Flugzeugdreck nichts ausmachen, Pflanzen- und Holzschutzmittel, Wald- und Bienensterben, Fukushima und Tschernobyl, saurer Regen und Klimaerwärmung - sind doch nur zwei Grad - mit schmelzenden Eisbergen und Gletschern. Tausende Tiere und Pflanzen sind in wenigen Jahrzehnten ausgestorben, die Meere und Flüsse überfischt und voller Schadstoffe und Abfälle, die Böden ausgelaugt, die Luft verschmutzt, das Grundwasser kontaminiert, die Nahrung denaturiert, die Seelen verkümmert, der Geist abgestumpft.

Und das, weil alles in Ordnung ist? Manchmal weiß ich nicht, ob die Verrückten vor oder hinter den schützenden Mauern zu finden sind, die Verbrecher vor oder hinter den Gittern lauern, ob das Geschöpf Mensch der Schöpfung des Schöpfers überhaupt würdig ist.

Der Mensch ist das einzige Lebewesen, das Müll produziert, bergeweise, nicht nur auf der Erde, bereits im Weltraum. Es gibt im Weltraum mehr Satellitenmüll als Satelliten. Wir kaufen für die Müllhalde: Elektrogeräte gehen möglichst schnell kaputt, werden zu Elektronikschrott. Jedes Jahr ein neues Smartphone. Rund die

Hälfte der Lebensmittel landet nicht in den Mägen, sondern im Müllcontainer.

Zur Mülldeponie werden auch die Ozeane: Zigtausend toxische Plastikteile treiben auf einem einzigen Quadratkilometer Meeresoberfläche, teilweise durch Brandung zerkleinert und zerrieben bis auf winzige, unsichtbare Partikel, voller PCB, DDT, Weichmacher und anderer hormonell wirksamer und krebserregender Gifte. Zwischen Kalifornien und Hawaii und vor der Karibik ist der Müllstrudel so groß wie Mitteleuropa. Jedes Jahr verenden eine Million Seevögel und 100 000 Meeressäuger qualvoll im Plastikmüll, ersticken in Sechserpackträgern und verhungern mit vollen Mägen - voll mit Plastikflaschen, -tüten, -tuben und -verschlüssen. Offenbar ist die Welt auf dem Weg, komplett irre zu werden.

Ich bin entsetzt, wenn die New Yorker 650 ausgediente U-Bahn-Waggons im Meer versenken mit dem Argument, so würden "neue Riffe geschaffen, ideale Biotope, die Fischschwärme und Muscheln anziehen". Der wahre Grund: kein Schrottplatz wollte diese asbesthaltigen und giftstrotzenden Relikte haben. "Riffe" aus zwei Millionen versenkten Autoreifen liegen vor Florida. 400 Panzer landen auf dem US-Meeresgrund. 10 000 Schiffswracks: Tanker, Handelsschiffe, Kriegsschiffe, Atom-U-Boote, der US-Flugzeugträger Independence mit Nuklearabfällen. Container und Fässer mit chemischen und radioaktiven Abfällen, zigtausende allein vor den Küsten San Franziskos, die vor sich hin rosten und ihre gefährlichen Inhalte langsam aber sicher immer mehr freisetzen.

Ganz zu schweigen von 40 000 Tonnen Öl des Tankerunfalls vor Spanien im November 2002, 50 000 Tonnen der Exxon Valdez vor Alaska im März 1989 und 200 000 Tonnen nach der Havarie vor der Normandie im Sommer 1978. In den letzten 10 Jahren sind 500 Tanker untergegangen, dabei eine halbe Million Tonnen Öl ins Meer geflossen. 150 000 Tonnen Öl strömen jährlich als Folge von undichten Bohrinseln in die Meere. Bei dem großen Öl-GAU im Golf von Mexiko im Frühjahr 2010 waren es 20 000 Tonnen täglich, das wochenlang, Millionen Tonnen, Milliarden Liter.

Ich schüttele mit dem Kopf, dass hochtoxisches Amalgam immer noch in unsere Zähne darf, obwohl es - aus den Zähnen entfernt - streng auf dem Sondermüll entsorgt werden muss. 2000 Tonnen dieses giftigsten aller Schwermetalle namens Quecksilber verstecken sich in den Gebissen der EU-Einwohner. In Schweden und Norwegen ist Amalgam verboten. Bei uns wird noch diskutiert, Quecksilber in Zahnfüllungen nicht mehr zu verwenden, da es nun doch "ein tödliches Gift ist". Das, obwohl uns von offizieller Seite über 100 Jahre lang gebetsmühlenartig eingebläut wurde, wie harmlos Amalgam ist, und alle Kritiker als Spinner, Schwarzmaler und Panikmacher verspottet wurden. In Thermometern ist "das tödliche Gift" längst verboten, dafür kommt es durch die Hintertür wieder in unsere Häuser, in Energiesparlampen, in jeder einzelnen. Hierzu das Umweltbundesamt im Jahr 2010: "Beim Zerbrechen der Lampen kann Quecksilber in Mengen freigesetzt werden, die gesundheitlich durchaus bedeutsam sein können."

Ich bin sprachlos, dass die modernen Einspritzer-Benziner, die in den letzten Jahren mil-ionenfach den Markt beherrschen, zehnmal so viel Dreck machen, zehnmal so viele kleine und gemeine Rußpartikel ausstoßen dürfen wie ein Diesel. Und diese Benziner aller gängigen Automarken brauchen keine Partikelfilter, kriegen die grüne Plakette und versauen munter nicht nur die Umweltzonen.

Es schließt sich die nächste Marktlücke: Elektroautos. Wo kommen die Massen an Strom her? Wo wir doch gerade Glühbirnen verboten haben, um Strom zu sparen. Allein die Batterieherstellung eines E-Autos setzt mehr CO_2 frei als ein Verbrennungsmotor auf der Reise um die ganze Erde. Von der Batterieentsorgung sprechen wir noch gar nicht.

Ich bin wieder sprachlos: Nur ein einziges dieser vielen riesigen Containerschiffe auf den Meeren verpustet so viel Gifte wie Millionen Autos. Von den immer weiter zunehmenden Düsenjets und Luxuslinern sprechen wir hier auch noch nicht.

Ich höre Energiewende. Was für eine Wende? Sind die einen Ressourcen ausgelaugt, nehmen wir die nächsten. Haben wir aus der Erde das letzte Öl herausgequetscht, müssen neue Quellen her. Hauptsache, unser maßloser Energiehunger wird nicht tangiert. Klappt's mit dem üblichen Sprit nicht mehr, müssen Lebensmittel ran: Biosprit - Getreide, Zuckerrohr und Raps, statt auf den Teller in den Tank. Hauptsache, weiter Kilometer fressen, noch größere Autos, noch mehr PS, noch mehr Auspuffe. Es werden zurzeit so viele spritgierige Luxuskarossen, Geländewagen, übermotorisierte SUV's verkauft wie noch nie. Es wird so viel geflogen wie noch nie, so viele Kreuzfahrten gebucht wie noch nie, zwei der größten Dreckschleudern unter der Sonne. Ich höre grüner Strom. Was ist daran grün? Das Land voller Talsperren, ganze Landschaften und Lebensräume unter Wasser. Das Meer und die Wüsten voller rotierender Windparks, tausende Quadratkilometer geopferte Natur, hierfür tausende Kilometer neue Höchstspannungsleitungen und gigantische Umspannanlagen mit heftigen Feldern, in der Erde, der Luft, den Bergen, im Wasser, sogar in Ortschaften. Der Bundestagsbericht vom September 2012 bringt es auf den Punkt: "Die Lage ist ernst. Energiesparlampen, Hybridautos und die Energiewende können die Probleme nicht mehr lösen. Wir müssen grundsätzlich umdenken. Wie wär's, wenn wir an der Wurzel anfingen, nämlich bei uns: Energie sparen. Energiewende kann doch nicht heißen: Wie können wir die Welt noch mehr ausbeuten, schädigen, noch mehr in die Knie zwingen, um unseren Energiehunger zu stillen? Energiewende hat mit mir zu tun: Was kann ich tun, um meine Maßlosigkeit zu mäßigen? Wir gehen mit der Erde um, als hätten wir noch eine zweite im Kofferraum. Wie weissagten die Indianer? "Erst wenn der letzte Baum gefällt, der letzte Fluss vergiftet, der letzte Fisch gefangen ist, werdet Ihr merken, dass man Geld nicht essen kann."

Die Natur ist Maßstab, es gibt keinen anderen. Wer das nicht versteht, hat die Rechnung ohne den Wirt gemacht. Wer nicht begreift, dass wirkliche Freiheit nur die Folge der bedingungslosen Akzeptanz unserer lebenserhaltenden Naturgesetze sein kann, hat seine ureigene fixe Idee von Freiheit. Wer nicht kapiert, dass nur der in Ordnung sein kann, der in der Ordnung lebt, muss mit Konsequenzen rechnen. Wir sind Teil der Natur. Es gibt keine Trennung zwischen Mensch und Natur, sie ist unsere Lebensgrundlage und wir ihre. Wie kann ein Teil klüger sein als das Ganze? Was immer wir der Natur antun, tun wir uns an. Die Natur ist perfekt, das Leben ein Wunder, die Erde das Paradies! Hören wir nicht darauf, welcher Unsinn mit falschen Zungen gepredigt wird, nämlich dass das Paradies nach dem Tod auf uns wartet. Es ist längst da, hier und jetzt, mehr Paradies geht nicht mehr. Und wenn wir blind sind und es hier und jetzt nicht entdecken können und zu schätzen wissen, wie sollten wir es dort und später können?

Das freieste Wesen ist die Krebszelle. Sie hat sich selbstständig gemacht. Sie pfeift auf natürliche Ordnung. Sie pfeift darauf, tagein tagaus den ihr zugeordneten Dienst im letzten Winkel des Organismus zu erfüllen. Sie steigt aus, sie will wichtig sein, will Sieger werden, Macht ausüben, Leben beherrschen. Ihr geht es scheinbar gut dabei. Sie hat eine Vision von Freiheit, Unabhängigkeit, Selbstbestimmung. Sie funktioniert, wie sie allein es für richtig hält und geht den direkten und entschlossenen Weg zur Durchsetzung ihrer Bedürfnisse: egoistisch, zielsicher, kurzsichtig, unsozial, unmoralisch, respekt-, verantwortungs- und rücksichtslos. Sie sieht den Vorteil: sich zu bereichern auf Kosten der Anderen. Sie vermehrt sich und wird größer und stärker. Sie lebt prächtig und hinterlässt Chaos. Auch die Krebszelle hat die Rechnung ohne den Wirt gemacht. Stirbt der Wirt, stirbt sie mit. Sie war zu uneinsichtig, zu dumm. Das war ihr letzter Lernprozess.

Ist der Mensch die Krebszelle der Erde? Reduziert sich der Mensch mit seinem Verhalten auf das Niveau einer Krebszelle, die Krebszelle seiner eigenen Lebensgrundlage? Der Mensch hat die Freiheit, das Potenzial und die Intelligenz zu entscheiden, ob er in Ordnung leben oder in Unordnung leiden will. Die Natur, das Leben, wird darauf reagieren.

Warum haben derart viele Menschen Krebs? Schon jeder Zweite erkrankt und jeder Dritte bis Vierte stirbt daran, Tendenz steigend, trotz aller medizinischen Fortschritte, trotz aller Investitionen. Alle zweieinhalb Minuten stirbt allein in Deutschland ein Mensch an Krebs, 600 pro Tag, 220 000 pro Jahr, nicht nur Alte, besonders viele junge Menschen, immer jüngere. Was werden wir unseren Kindern erzählen, wenn der Galopp ins Verderben so weiter läuft? Wie lange wollen wir noch warten? Was muss noch passieren? Da muss es doch Gemeinsamkeiten geben, beim Krebs und bei den vielen anderen fatalen Erkrankungen. Überall ähnliche Statistiken, kaum Unterschiede: in Großstädten und auf dem Land, in Industriegebieten und in Kurorten, mit gutem Brunnenwasser oder miesem Rheinuferfiltrat, in den Dolomiten oder am Meer, bei uns und in anderen Kontinenten, als Privat- oder Kassenpatient. Was könnte der gemeinsame Auslöser sein?

Ein befreundetes Ehepaar lebt schon immer auf ihrem Bauernhof in den Bergen Kärntens, fernab vom Lärm und von der Hektik der Zivilisation. Deren Ahnen lebten hier seit Generationen. Es gab lange keine nennenswerten Krankheiten. Die beiden sind umgeben von kilometerweiten Blumenwiesen, Weiden, Wäldern: frische Luft, keine Industrie, kein Autoverkehr, optimale Luftionen, eigenes reines Quellwasser, frische Salate aus dem Garten, frisches Obst von den Bäumen und Sträuchern, selbst gebackenes Brot, selbst gemachte Butter, selbst gewonnener Honig, selbst gepflückte Kräuter, Tees von den ungedüngten Wiesen, Holz für den Kamin aus dem Wald. Viel körperliche Bewegung, kaum Karies, keine Amalgamfüllungen, kein Zahnersatz, ein Leben lang nicht geröntgt, kaum Medikamente, keine Sonnenbrände bis sich die Haut in Fetzen löst, jedes Jahr zwei Wochen Fastenkur. Vor 30 Jahren erst bekamen sie Strom, vor 25 Jahren fließendes warmes Wasser. Beide haben seit acht Jahren Krebs, beide gleich zwei verschiedene Krebsarten, sie Darm- und Gebärmutterkrebs, er Prostata- und Schilddrüsenkrebs. Was sie heute im Schlafraum haben, das teilen sie mit Millionen anderen: Elektrische Spannungsfelder am und im Bett als Folge der hauseigenen Elektroinstallation, von herumbaumelnden Kabeln und der Heizdecke, zigfach stärker als am PC zulässig; magnetische Stromfelder am Kopfende wegen des nahen Radioweckers und der trafobetriebenen Nachtischlampe, dreifach über der Computernorm, zweifach über der WHO-Einschätzung eines Krebsrisikos. Dazu die ferromagnetischen Federkerne der gleichnamigen Matratze mit 180 Grad Kompassnadeldrehung. Auch sie gehen mit der Zeit: seit neun Jahren das schnurlose Telefon, ein Dauersender, Tag und Nacht, in unmittelbarer Bettnähe, noch 200 Meter entfernt im Wald messbar. Was sie im ganzen Haus haben, das teilen sie ebenfalls mit Millionen anderen: überall Holz, im Laufe der Jahrzehnte mit verschiedenen toxischen Holzschutzmitteln gestrichen und immer mal wieder aufgefrischt. Dazu die giftigen Mottenpapiere und -kugeln in den Kleiderschränken, Elektroverdampfer und Insektensprays gegen Mücken, Puder und Köderdosen gegen Ameisen. Und immer diese grünen, schwarzen und braunen Schimmelpilze an den kühlen und chronisch feuchten Außenwänden. Und ständig stur die Fenster zu. Zudem seit gut 15 Jahren die Fernsehsender zwei Berge weiter und seit zehn Jahren die Mobilfunksender auf dem Hügel gegenüber.

Also, ich entdecke hier Gemeinsamkeiten, viel mehr als ich nach langer Suche sonst wo finden konnte. Die Vielfalt der gemeinsamen Auslöser springt mich geradezu an. Deshalb ist Baubiologie für mich eine der wesentlichsten Vor- und Nachsorgemaßnahmen.

Mein Hobby sind Reptilien. Seit 50 Jahren wandere ich durch die Südalpenlandschaften Kärntens, Südtirols und des Tessin, in den Naturschutzgebieten der Abruzzen und kroatischen Küste. Ich kenne die Biotope "meiner" Eidechsen und Schlangen genau, studiere die Tiere, fotografiere sie und erfreue mich an der Vielfalt der Arten, dem Grün der stattlichen Smaragdeidechsen, den blutroten Rückenflecken der grazilen Leopardnattern und dem markanten Zickzackband der giftigen Vipern. Jahrzehnte waren die Tiere in den abgelegenen Gebieten, die man kennen muss und die ein Durchschnittstourist kaum aufsucht, zahlreich. In den Geröllhalden Kärntens oder des Tessiner Maggiatals habe ich an günstigen Tagen dutzende Sand- oder Aspisvipern beobachten können, in den Hochlagen der Julischen Alpen viele Kreuzottern. In den letzten Jahren geht die Zahl rapide zurück, besorgniserregend. Heute muss man Stunden oder gar Tage suchen, um ein oder zwei Tiere zu finden. Was ist passiert? An der Landschaft hat sich kaum was geändert, keine Neubaugebiete, keine Industrie, keine neuen Straßen, kaum Autos und nicht mehr Landwirtschaft als sonst. Einige der Landstriche wurden sogar zu Naturschutzgebieten erklärt. Dafür seit mehreren Jahren mitten in der einst unberührten Natur, auch in den Schutzgebieten, reichlich Mobilfunk- und andere Sendemasten. Schlangen gehen aufgrund ihrer Länge in Resonanz mit den Funkmikrowellen, sie sind perfekte Antennen. Ist das der Grund? Man muss kein Schlangenliebhaber sein, um den störenden Eingriff in die biologischen Abläufe, in die natürliche Ordnung zu befürchten. Ihnen fehlen sie vielleicht nicht so, die Schlangen, mir schon, genauso wie die bei mir zu Hause auffällig rar gewordenen Vögel (einige sind ganz verschwunden) und Insekten. Mich macht das traurig, für mich sind sie Teil einer großen Familie, der Familie namens Schöpfung. Auch andere Geschöpfe, Pflanzen, Tiere und wir Menschen gehen in Resonanz mit dem Funk und anderen Feldern, Signalen und Strahlen der Zivilisation, sind biologische Antennen für Technikeinflüsse, die billionenfach die Welt um uns herum füllen. Jedes mobile Telefonat, jede SMS, jedes per Funk verschickte Dokument, Foto, Video... hinterlässt Spuren von unzähligen Bits und Bytes im übervollen Äther. Keiner der Verantwortlichen weiß, wie das von Lebewesen, die das nonstop, drinnen und draußen, mehr oder weniger abbekommen, verarbeitet wird. Handygespräche, Kurzmitteilungen, Bilder, ganze Filme... bestehen aus Millionen und Milliarden von Einzelinformationen, verlassen auf Knopfdruck via Mikrowelle Ihr Wohnzimmer, jagen mit 300 000 km/h durch Stadt und Land bis zur nächsten Basisstation weit draußen auf Türmen, Masten oder Dächern, wie eine Billardkugel über zig Banden. Die Basisstation nimmt sie auf und jagt sie weiter, über Richtfunkstrecken wieder durch Stadt und Land, manchmal bis zu den Satelliten, wieder hin und her über Zwischenstationen bis zum Adressaten, auf dem langen Weg dorthin unzählige Menschen, Tiere, Bäume, Wolken, Wassermoleküle, den Erdboden, das Wetter... tangierend. Schütteln die alle die Informationsflut mal eben so ab als wäre nichts geschehen? Diese unnatürlichen Signale kommen an, in jeder Kreatur, jedem Organismus, jedem Bewusstsein und Unterbewusstsein, in jedem Gefühl und jeder Seele.

Wir schauen zu, wie die ganze Erde aus Multimillionen (!) neuen (!) Mikrowellenquellen bis zum letzten Quadratmeter technisch bestrahlt wird und wundern uns nicht mal darüber, dass es just in dieser Zeit der maßlosen Verfunkung eine galoppierende Erderwärmung gibt, das Wetter spinnt, das Klima entgleist. Unsere Erde wird seit zwei, drei Jahrzehnten dank immer mehr

Mobilfunk, Fernsehen, Radio, Radar, Militär, Satelliten und Co., dank Multibillionen Watt Funkleistung (ich wiederhole: Billionen, das sind eine Million Millionen) zu einem globalen Mikrowellenherd. Da kann sich in der Atmosphäre schon mal was erwärmen. Die Wahnsinnigen von HAARP sprengen die letzten Tabus, produzieren am Himmel Polarlichter mit Milliarden Watt Funkkraft, und nicht nur das. Und die Klimakatastrophen zeigen sich unmissverständlich: Dürren, Hitzewellen, Überschwemmung, Unwetter. Ich glaube beim Klimawandel nicht nur an Kohlendioxid, das allein kann es nicht sein. Die Physik lehrt: Funkwellen zwingen Wassermoleküle zum Schwingen, so erhitzen sie Materie durch Reibung. So wird beispielsweise im Mikrowellenherd Essen gegart. So wird Material getrocknet - Früchte, Kräuter, Holz, feuchte Bausubstanz, Wasserschäden in Häusern... So werden beim Physiotherapeuten Menschenmuskeln erwärmt. Bestrahlte man im Forschungslabor junge Nadelbäume mit diesen Mikrowellen, wurden sie krank und starben. Die "Austrocknung der Pflanzenerde" sei schuld, so die Wissenschaftler, "starke Verdunstungen durch die Feldeinwirkung". Wenn Funkwellen Wassermoleküle derart ins Schwingen bringen, sie erhitzen und die Trocknung von Materie beschleunigen, Verdunstung bewirken, was machen sie mit dem Wasser in der Natur, der Erde, im Waldboden, im Meer, in den Gletschern, in den Wolken, in der gesamten Atmosphäre? Auch erhitzen und abtrocknen? Was machen sie mit lebenden Organismen, mit Menschen, Tieren, Bäumen, Pflanzen,

Bakterien, mit dem Wasser und Blut in unseren Körpern? Nichts?? Das glauben Sie doch selber nicht. Die immer weiter zunehmende drahtlose Datenschaufelei geht alle an, denn die Strahlung und ihre aufmodulierten Signale betreffen jeden. Der Datensturm ist überall. Wenn Homöopathie mit feinster Informationskraft wirkt, wirken auch die gröberen technischen Kräfte. Wenn winzige biologische Signale in unseren Körpern alle Lebensvorgänge steuern, tun das auch die künstlichen. Wenn dezente natürliche Elektrizitätsschwankungen bei Wetterwechseln schon zu gesundheitlichen Beschwerden führen, so auch die unnatürlichen. Nur wie? Keiner weiß wirklich, wie die technischen Einflüsse uns, die Natur, alles Leben belasten, schädigen, manipulieren, das Klima erwärmen, verändern.

Faszinierend finde ich, was Rudolf Steiner, Begründer der Anthroposophie, bereits vor 100 Jahren befürchtete. Derzeit gab es noch keine derartige Elektrosmogverseuchung und keine Handys und andere Digitaltechniken wie heute, es gab nicht mal ein Prozent der elektromagnetischen Einflüsse, die wir heute aushalten müssen. Zitate von ihm aus den Jahren 1907 bis 1924: "In der Zeit, als es keine elektrischen Ströme gab, nicht die Luft durchschwirrt war von elektrischen Aktivitäten, da war es leichter, Mensch zu sein. Da waren nicht fortwährend die finsteren Kräfte. Da war es nicht nötig, dass sich die Leute so anstrengten, um zum Geist zu kommen. Da gab es noch keine Telegraphendrähte, keine Telefonleitungen, keinen Funk und so weiter. Der Mensch hat heute lauter solche Apparate vor um sich. Das induziert fortwährend Strömungen in uns. Das macht den physischen Leib so, dass die Seele nicht hereinkommt. Daher ist es nötig, heute viel stärkere Kapazität auf zuwenden, um überhaupt Mensch zu sein." - "Die Menschen können sich nicht in derselben Weise weiterentwickeln, in einer Atmosphäre, die von allen Seiten von elektrischen Strömen und Strahlungen durchzogen ist. Das hat einen Einfluss auf die ganze Entwicklung des Menschen." - "Die strahlende Elektrizität wirkt furchtbar unbewusst ein, und die Menschen wissen dann gar nicht, woher gewisse Dinge kommen. Es bewirkt, dass die Menschen nicht mehr kapieren können die vielen Nachrichten, die sie so schnell kriegen. Das kann dahin führen, dass Menschen den Anschluss versäumen in ihrer Menschheitsentwicklung. Das Seelenleben wird ein anderes werden, wenn diese Dinge so weit getrieben werden, wie man es eigentlich vorhat." Und es ist in den vergangenen zwei Jahrzehnten wahrhaft weiter getrieben worden als Steiner es vorhersehen konnte. Und es hört nicht auf, im Gegenteil, immer mehr.

Selbst das NRW-Umweltministerium sorgt sich aktuell, wie andere Behörden auch, um "wissenschaftliche Unklarheiten und Unsicherheiten" und fordert "elektromagnetische Felder immer so gering wie eben möglich zu halten". Und gibt zu: "Effekte, die nicht erwartet wurden oder erklärt werden können, werden bei der Grenzwertfestlegung nicht berücksichtigt." So einfach geht das. 90 Prozent der Effekte kommen überraschend, sie werden weder erwartet noch können sie bis heute erklärt werden! Aber sie sind da! Warten wir nicht. Handeln wir endlich, bevor es noch verrückter wird.

Viele Gesetze und Vorschriften sind so überflüssig wie die Zeitumstellung oder so dumm wie Sigmar Gabriels Glühbirnenverbot. Kaum einer spricht davon, dass die WHO in den elektromagnetischen Feldern von Hochspannungsleitung bis Handy von höchster wissenschaftlicher Seite ein Krebsrisiko sieht, spricht von den vielen Warnungen und kritischen Forschungen. Jeder hat mindestens ein Mobiltelefon und ein WLAN, auch aufgeklärte Freunde, auch die sonst so Gesundheits- und Ernährungsbewussten und Sucher nach mehr Lebensqualität und Seelenheil, sogar meine Kollegen, die Baubiolog(inn)en, die es wirklich wissen müssten.

Ich habe mit komplett abgeschirmten Räumen, quasi mit so genannten Faradayschen Käfigen, experimentiert. In solchen Räumen sind alle destruktiven elektromagnetischen Reize des Alltags weg, kein Mobilfunk mehr, keine Handystrahlung, kein WLAN, kein Radio, Fernsehen, Computer, keine Bildschirme, kein Internet, kein Smart Home, also keinerlei Elektrostress mehr. Nur die natürlichen Magnetfelder der Erde sind noch da. Ich bin noch einen Schritt weiter gegangen und habe die Menschen mit einem sauberen, natürlichen Erdpotenzial in Kontakt gebracht, so als würden sie mit nackten Füßen über eine Wiese oder am Strand entlang laufen, in Kontakt mit den Kräften von Mutter Erde. Außerdem wurde die Luft des geschirmten Raumes mit einem Filter gereinigt, damit keine Schadstoffe, Partikel, Pilze, Allergene... vorhanden sind. Das provozierende Ergebnis: Nachdem sich Erwachsene hier nur eine Stunde aufhielten, kamen sie berührt, glücklich bis tränenüberströmt wieder heraus und waren erstaunt bis fassungslos, wie gut es ihnen hier ging, so gut wie schon eine gefühlte Ewigkeit nicht mehr. Hartgesottene Anwälte und skeptische Wissenschaftler haben Tränen in den Augen. Sie haben vor lauter Dauerstress schon vergessen, wie Wohlbefinden, Entspannung und Gesundheit schmeckt! Manche bekamen in dem Raum sogar Angst, weil sie ein derart von zivilisatorischen Reizen befreites Klima nicht gewohnt waren und kaum aushielten. Das hat mich neugierig gemacht. Was passiert wohl nach längerer Zeit ohne diese schon alltagstypischen Belastungen, wenn Menschen bereits nach einer Stunde derart deutlich reagieren? Was passiert, wenn wir zumindest unseren Bettplatz frei oder möglichst arm von solchen Stresseinflüssen halten, damit Körper und Seele wieder solide entspannen, regenieren und reparieren können? Glauben Sie's mir: Es passiert provozierend viel. Hunderte gelungener Fallbeispiele sprechen da eine klare Sprache.

Früher, als ich Kind war, hat sich mein Vater mächtig aufgeregt, als er in den Nachrichten hörte, dass jeder Sechste Karies hat, er sprach vom Verfall der Volksgesundheit. Heute regt sich kaum einer so darüber auf, dass jeder Zweite Krebs kriegt, ist halt so, der neue Normalzustand. Vor 30 Jahren haben wir beim Tanken die Frontscheibe und Scheinwerfer saubergekratzt, sie waren voll von zerplatschten Insekten. Heute fahre ich die Tankfüllungen leer und kann die Insekten an einer Hand abzählen. Früher war das Frühstück auf der Großstadtterrasse begleitet von einem Dutzend Spatzen, welche die Brotkrumen vom Boden aufpickten. Sie erschienen uns damals lästig und wurden verscheucht. Heute wünschte ich, ich sähe mal einen, ich würde ihn mit einer Extraportion locken und füttern. Früher wurde ich allmorgendlich von Heerscharen zwitschernder Vogelkehlen geweckt, das reinste Konzert. Heute höre ich weitgehend Stille und manchmal zwei, drei, vier, am meisten monoton gurrende Tauben. Früher war unser Schmetterlingsbaum umschwirrt von flatternden Wolken kunterbunter Falter. Heute sind es alle paar Tage nur ein paar. Früher war unser kleines Insektenhotel besetzt, die Insekten balgten um eine freie Nische. Heute steht es fast leer.

Solche Einschnitte in nur zwei Jahrzehnten. In diesen gut zwei Jahrzehnten trumpfte auch der Mobilfunk auf und überzog das Land einer Epidemie gleich fast bis zum letzten Winkel mit ganz neuen technischen Mikrowellen, die es seit evolutionsgedenken nicht gegeben hat. Sieht das keiner? Nein, kaum einer. Meine Nachbarn auch nicht. Die sprühen weiter Gifte auf die in ihren Gärten und auf Balkonen adrett zurechtgestutzten Buchsbäumchen gegen die Zünslerraupen und weiter Glyphosat und andere Herbizide gegen das Unkraut, das mit dem Schnurlosen am Ohr und der Fluppe im Mund. Wir Menschen sägen mit voller Vehemenz genau an dem Ast, auf dem wir alle sitzen. "Weltuntergangsuhr steht auf fünf vor zwölf", so die Atomic Scientists, darunter 18 Nobelpreisträger. "Der Weltklimarat schlägt Alarm". Verantwortlich für Umweltzerstörungen und Klimakatastrophen sei allein der Mensch. Die OECD warnt vor dem ökologischen Kollaps: "Wir riskieren unumkehrbare Schäden. Wir müssen uns ändern."

Nein, die Interpretation des Maya-Kalenders, die Welt wird untergehen, habe ich nie geglaubt. Aber in einem hat er Recht: So darf und kann es nicht weitergehen, wesentliche Änderungen stehen an. Nicht die Welt muss untergehen, unsere destruktive Art und Maßlosigkeit im Umgang mit der Welt und all seinen Kreaturen und Schätzen, einschließlich mit uns selbst, muss untergehen. Das Kind ist längst in den Brunnen gefallen, aber statt es zu retten, schütten wir immer mehr Wasser nach.

Wir müssen endlich ehrlich hinsehen und eingestehen: Wir Menschen haben uns verlaufen, nicht nur die Industrie, die Politiker, Wissenschaftler..., wir alle. Wir sind vom Weg abgekommen, sind aus dem Ruder geraten und stecken in einer Sackgasse. Aber: Wenn man in eine Sackgasse geraten ist, findet man auch wieder raus; Herausfinden ist nicht schwieriger als Hineingeraten. Nur: Anstatt einsichtig den Weg zurück zu suchen, spielen wir uns selbstherrlich als Teil zum Ganzen auf und bringen die eigene Lebensgrundlage immer weiter an den Rand des Abgrundes. Die Welt hält uns nicht mehr lange aus, es ist schon zu viel schief gegangen, in uns, in der nächsten Umwelt und weiter draußen, das kann nicht gut gehen, das kann nicht der Weg sein.

Aber es ist nie zu spät. Wenn wir die Welt wirklich retten, wirklich leben und nicht nur überleben wollen, müssen wir uns wieder auf das Wesentliche besinnen, uns wieder integrieren und bescheiden, zurückfinden zum Vertretbaren und Verträglichen. Die Zeit für nicht enden wollende Ersatzbefriedigungen müssen wir rigoros für beendet erklären und mit Herz, Bauch und Verstand nach echter Befriedigung streben. Das sind nicht 20 Steckdosen pro Raum, drei Smartphones pro Handtasche, noch ein paar hunderttausend Mobilfunkstationen mehr dank 5G, WLAN überall - sogar in Schulen und Kindergärten, noch mehr soziale Netzwerke, die alles andere als sozial sind, fünfmal Fleisch pro Woche, 150 PS je Auto, zehn Liter für 100 Kilometer, noch vollere Marktregale, noch mehr Flug- und Schiffsmeilen, noch mehr Schneekanonen und mindestens drei Urlaube pro Jahr, man gönnt sich ja sonst nichts. Das sind auch nicht weitere Hundertmilliarden für den Krieg, zigtausende Atomsprengköpfe und unaufhörliche Gen- und Wettermanipulationen.

Wir können Technik nicht mit noch mehr Technik, Chemie nicht mit noch mehr Chemie und Ego nicht mit noch mehr Ego heilen. Wir müssen umdenken. Wir müssen aufhören, Gott zu spielen. Wir müssen wieder Wesen werden, vor denen die Schöpfung keine Angst zu haben braucht.

Wie blind muss man sein, wenn man die Intelligenz in sich selbst und in der Natur nicht erkennt, dafür als Armutszeugnis künstliche Intelligenz mit fragwürdigen Algorithmen (schöne digitale Computerwelt) erfindet und ihnen freien Lauf lässt. Wir sind in uns und in der ganzen Schöpfung umgeben von übersprudelnder Intelligenz, die einen nur zum Staunen bringen kann. Mir reicht der Krötenlaich in meinem Gartenteich, aus dem sich kleine Kaulquappen entwickeln, die sind noch

Kiemenatmer wie die Fische, um sich dann komplett zu verwandeln, Beinchen auszuprägen und als neue Lungenatmer ihr Wasser zu verlassen; Jahre und viele Kilometer Wanderschaft später finden die erwachsenen Kröten zielsicher ihre Laichgewässer zurück, um sich dort zu paaren und den Kreislauf von neuem zu beginnen. Oder die Meeresschildkröten, die im warmen Strandsand frisch geschlüpft nun tausende Kilometer in den Ozeanen zurücklegen, um dann erwachsen und geschlechtsreif geworden nach Jahren wieder an diesen kleinen Strand zurück zu finden, an dem sie ihr Leben begannen und hier wieder ihre Eier ablegen. Oder die bunten Raupen, die als Raupe sterben müssen, um sich in noch buntere Schmetterlinge zu verwandeln. Oder die Scharen an Mauerseglern, die in sich blitzschnell ändernden Flugformationen wie von unsichtbaren Mächten gesteuert ihre Luftkünste präsentieren. Oder... Da brauche ich kein Hochamt und keine künstliche Intelligenz mehr.

Wann nur erscheint der Homo sapiens auf der Bildfläche, dieser aufrechte weise Mensch, jene Krone der Schöpfung? Wir sind das! Wir! Du und ich! Wir stehen auf der Siegertreppe der Evolution ganz oben, wir sind die Spitze des Machbaren, der Stolz alles Lebendigen, das Meisterwerk Gottes. So viel Vertrauen in uns. So viel Potenzial, das in uns schlummert. Die Anlagen sind da, warum entwickeln wir sie nicht? Die Intelligenz ist da, warum geben wir ihr so wenig Chancen? Die Sehnsucht ist da, warum hören wir nicht auf sie? Die wahren Werte sind da, warum lassen wir sie nicht frei? In unserem Kern versteckt sich so viel mehr als wir leben! Wir sind besser als unser Ruf!

Wann wird die Schöpfung endlich stolz auf seine Krone sein können?

Nutzen wir unsere Chance, wachen wir auf, stehen wir auf - für das Leben. Sorgen wir dafür, dass dieser Witz nicht Realität wird: Treffen sich zwei Planeten im All. Sagt der eine: "Du siehst aber schlecht aus." Sagt der andere: "Ich bin schwer krank, ich habe Homo sapiens." Sagt der eine: "Nur keine Sorge, das vergeht..."

Viele Dinge machen krank: entwertete Nahrung, zu wenig Bewegung, zu viele Medikamente, Funk im Hirn, Schwermetalle im Mund, Gifte in der Umwelt und auf dem Teller, eine deprimierte Seele, Macht, Gier, Geiz... und die Arroganz zu glauben, die Art, wie wir Zivilisation leben, das sei der Maßstab aller Dinge.

50 Prozent aller Säugetiere - auch Menschen sind Säugetiere! - sind verschwunden oder stehen kurz vor dem Aussterben, 60 Prozent der Vögel und 75 Prozent der Insekten, das in wenigen Jahrzehnten unserer Zivilisation, der fortschrittlichen Industrialisierung, des digitalen Informationszeitalters. Jeder Sechste kriegt schwer Luft. Jeder Fünfte ist psychisch krank. Jeder Vierte hat eine Fettleber vor lauter Gift. Jeder Vierte ist Allergiker, schon jedes vierte Baby. Jeder Dritte hat ein geschä-

digtes Immunsystem. Jeder Dritte leidet unter Schmerzen. Jeder Dritte nimmt ständig Tabletten. Jeder Dritte ist unglücklich. Jeder Dritte schläft schlecht. Jeder Zweite ist zu dick. Jeder Zweite erkrankt an Krebs. Genug!!!

"Junge...", höre ich aus weiter Ferne meine Mutter rufen. Ich öffne die Augen. Im Wohnzimmer duftet es nach Kuchen. Mutter beugt sich zu mir, lächelt und hebt mahnend den Zeigefinger: "Wie kannst Du nur einschlafen, wenn Du Gäste hast? Ich sage ja, Du arbeitest zuviel. Hast Du wenigstens schön geträumt?" Habe ich das?